सफल मैनेजर कैसे बनें

सफल मैनेजर कैसे बनें

प्रमोद बत्रा

प्रभात पेपरबैक्स
प्रभात प्रकाशन™
ISO 9001 : 2008 प्रकाशक का उद्यम

प्रकाशक

प्रभात पेपरबैक्स

4/19 आसफ अली रोड, नई दिल्ली-110002

फोन : 23289555 • 23289666 • 23289777 ❖ फैक्स : 23253233

इ-मेल : prabhatbooks@gmail.com ❖ वेब ठिकाना : www.prabhatbooks.com

संस्करण

2013

मूल्य

पंचानबे रुपए

अ.मा.पु.स. 978-81-7315-718-9

मुद्रक

भानु प्रिंटर्स, नई दिल्ली

SAFAL MANAGER KAISE BANEN *by* Promod Batra

Rs. 95.00

Published by **Prabhat Paperbacks** (A Division of Prabhat Prakashan)
4/19 Asaf Ali Road, New Delhi-2

ISBN 978-81-7315-718-9

भूमिका

मैनेजर का काम है उपलब्ध साधनों का सर्वोत्तम उपयोग कर तैयार उत्पाद का अधिक-से-अधिक प्रचार करना। पर मानव-संसाधन सामग्री, मशीन और विभिन्न विधियों को एकसूत्र में पिरोना दुष्कर कार्य है। सबकी तारतम्यता बनाए रखना और भी मुश्किल है। इसलिए सफलता प्राप्त करने के लिए मैनेजर में विशेष योग्यताएँ होनी चाहिए, ताकि वह विभिन्न कर्मियों के बीच एक ऐसा माहौल बनाए जिससे वे अपना सर्वश्रेष्ठ देने के लिए कृतसंकल्प हों। हर कड़ी को मजबूत करना होता है—कमजोर कड़ी को भी जोड़कर साथ चलने की जरूरत होती है। मानव स्वभाव ही ऐसा है कि उसे जल्द ही कोई परिवर्तन स्वीकार्य नहीं होता। ऐसे में मैनेजर कोई बेहतर तकनीक या तरीका अपनाता है तो उसका विरोध होता है, और यहीं सफल मैनेजर को अपनी क्षमता और प्रतिभा दिखाने का अवसर मिलता है। वह उनकी मानसिकता समझकर येन-केन-प्रकारेण उस सुधारवादी प्रक्रिया को लागू कर देता है।

अच्छे और सफल मैनेजर को हर समय अपना काम, उसमें बेहतरी करने के तरीके और नवीन प्रणालियाँ लागू करने की ललक रहती है। उसमें योग्यता और प्रतिभा के साथ-साथ धैर्य, संयम, सहनशक्ति, प्रत्युत्पन्नमति और अनेकानेक गुण होने चाहिए, ताकि विपरीत परिस्थितियों में भी उद्यमशीलता का परिचय देते हुए अपने संस्थान के हित की बात सोच सके।

उपर्युक्त सब एक मैनेजर की जिम्मेदारियों को सफलतापूर्वक निभाकर सफल मैनेजर बनने के कुछ सूत्र हैं। आप दूसरों की गलतियों को नजरअंदाज

कर उन्हें क्षमा करना सीखें और अपने लोगों पर विश्वास करें तो सफलता आपके कदम चूमेगी। 'सफल मैनेजर कैसे बनें' पुस्तक आपको अपनी जिम्मेदारियाँ कुशलता के साथ निर्वहन करने योग्य बनाएगी, जिससे आपके लिए उपलब्धियों की नई ऊँचाइयाँ छूना संभव हो जाएगा।

मैं चाहूँगा कि आप एक बार इन विचारों को देखें-पढ़ें। इस पुस्तक को यात्रा के दौरान, सोने से पहले, नाश्ते का इंतजार करते समय हमेशा अपने हाथ में रखें। इसको पढ़ना अपने दैनिक कामों में शामिल करें।

—प्रमोद बत्रा

विषय-सूची

1

चिंतन
Thinking

चिंतन ही दिशा निर्धारित करता है

गुरुमंत्र आनंद की आधारशिला है। अधिक-से-अधिक खुशी पाने के लिए स्व-प्रबंधन में चिंतन सर्वाधिक महत्त्वपूर्ण भूमिका निभाता है। चिंतन सबसे ज्यादा कठिन कार्य है। बिल गेट्स चिंतन के बलबूते पर ही विश्व के सर्वाधिक समृद्ध व्यक्ति बन गए।

चिंतन में सबसे ज्यादा आपकी अभिवृत्ति व रवैया महत्त्वपूर्ण होता है। हमारा मन-मस्तिष्क सकारात्मक सोच सकता है या फिर नकारात्मक। यदि आपको कोई समस्या कारगर ढंग से सुलझानी है, अवसर का लाभ उठाना है; कोई टिप्पणी, रिपोर्ट, पत्र या राइट-अप तैयार करना हैं तो जरूरी है कि आप सात्त्विक मनोवृत्ति या अच्छे मूड में हों। केवल आप स्वयं ही अपने को सकारात्मक मूड में रख सकते हैं। इस दुनिया की कोई अन्य चीज या ताकत आपको खुशी नहीं दे सकती। दौलत, बुद्धिमानी, हैसियत, दर्जा (या इसका अभाव) इन सबका कोई फर्क नहीं पड़ता।

हम कैसे चिंतन करें? कैसे प्रयास किया जाए? कुछ भी मत करें! कोई संगीत नहीं, कोई विचार नहीं। समय को भुला दें! शुरुआत में कुछ नहीं होगा।

एकदम शून्य! और इसके बाद अचानक हमारे मन-मस्तिष्क में छोटा सा बल्ब जगमगाने लगेगा! यदा-कदा बहुत बड़ा बल्ब भी जलने लगेगा। इस प्रक्रिया को जारी रखें। चिंता न करें। प्रत्येक व्यक्ति तीव्र गति से आगे नहीं बढ़ता। सोचें, अपना लक्ष्य तय करें। आगे बढ़ें। धीरे-धीरे श्रीगणेश करें।

— विचार 1 —

सोचें, कोई बेहतर मार्ग भी होगा—आपका मस्तिष्क रचनात्मक ऊर्जा का पावर-हाउस है।

इस चौंकानेवाली सोचने की मशीन से नए-नए विचार निकलते रहते हैं। ऐसे विचार, जो विरले ही चमत्कारों में फलीभूत होते हैं। इन विचारों से अनूठे चमत्कार सामने आते हैं। ऐसे-ऐसे विचारों का जन्म होता है, जिनके बल पर मनुष्य पहिए से लेकर अब सुपरसॉनिक जेट तक की यात्रा तय कर चुका है। सोचें—अपनी सुप्त रचनात्मक शक्ति जगाएँ! आप विस्मयकारी खोज कर लेंगे। थॉमस अल्वा एडीसन बिजली का बल्ब बनाने के लिए हजारों बार प्रयास करते रहे और हजारों बार वे असफल भी रहे। लेकिन उन्होंने बेहतर ढंग से प्रयास करने के लिए अपनी कोशिश जारी रखी—और अंत में बिजली के बल्ब की खोज कर ही ली।

आप भी मन-मस्तिष्क में चमत्कार कर सकते हैं और इस तरह से जीवन को बेहतर बनाने के लिए उत्तम तरीके खोज सकते हैं।

— विचार 2 —

यदि मुझे आठ घंटे में कोई पेड़ काटना है तो मैं कुल्हाड़ी की धार तेज करने में ही छह घंटे लगाऊँगा—"यदि आप में तैयारी करने की इच्छा नहीं है तो विजय पाने की इच्छा या दृढ़ इच्छाशक्ति का कोई मूल्य नहीं। वह निरर्थक है।" गगनचुंबी अट्टालिका बनाने में मात्र एक वर्ष लगता है। लेकिन इसकी योजना तैयार करने में कई वर्ष लग जाते हैं। योजना तैयार करने में धैर्य, शक्ति तथा सतत कार्य निष्पादित करने के आश्चर्यजनक परिणाम निकलते हैं।

— प्रेरक कहानी —

ज़ेन गुरु...प्याला छलक रहा है

''यदि प्याले में ठंडी, बासी चाय है तो आप उसमें ताजा गरम चाय नहीं उड़ेल सकते।''

एक ज़ेन कहानी है, जिसमें अमेरिकी प्रोफेसर ज़ेन गुरु के पास ज़ेनवाद के बारे में जानने के लिए पहुँचे। ज़ेन गुरु प्रोफेसर के लिए कप में चाय उड़ेलने लगे। कुछ देर बाद यह चाय गिरने लगी तथा अमेरिकी प्रोफेसर चिल्ला उठा— ''गुरुजी, गुरुजी! कप में और चाय नहीं आएगी।'' तब गुरु ने जवाब दिया, ''हाँ, इस प्याले जैसा तुम्हारा मस्तिष्क है, जिसमें से तुम्हारे अपने विचार छलक रहे हैं। यदि आप नए-नए विचारों को जानना चाहते हैं, ग्रहण करना चाहते हैं तो पहले अपने मन-मस्तिष्क को खाली करें।''

हाँ, अपने मन-मस्तिष्क पर लगे ताले को खोलें, बल्कि इस ताले को फेंक दें। अपने दिमाग का इस्तेमाल करते रहें, ताकि नूतन और नव विचारों को ग्रहण किया जा सके।

अपने मन-मस्तिष्क के बंधनों को तोड़ दो, मन की ग्रंथियों को खोल दो, बल्कि इन बंधनों को दूर फेंक दो। अपने मन-मस्तिष्क को सक्रिय रखें, ताकि नूतन और नव विचारों का प्रवेश हो सके।

— विचार 3 —

मानव-मन पैराशूट की तरह है। यह तभी क्रियाशील होता है, जब इसे खोला जाता है—

बंद दिमाग या संकीर्ण विचारों में जकड़ा मन अँधेरी गुफा के समान होता है तथा अज्ञान तथा पूर्वग्रह के मकड़जाल से यह गुफा और अधिक अँधेरी हो जाती है।

उन्मुक्त मन धूप में डूबे घास के मैदान के समान होता है, जिसमें नए विचार अंकुरित और प्रस्फुटित होते हैं।

मानवजाति के इतिहास में जब-जब मनुष्य ने अपने मन के द्वार खोले हैं, तब-तब स्वस्थ एवं शुद्ध नए विचारों का शीतल झोंका अंतस तक पहुँचा है और इस व्यक्ति ने संकीर्ण बंधनों को तोड़कर, सीमाओं को लाँघकर पूरे जोश, उत्साह, उमंग से महाद्वीपों, महासागरों, ग्रहों तथा आकाशगंगा की खोज की है।

लेकिन जब मनुष्य नव विचारों को प्रवेश नहीं करने देता तथा पुराने, रूढ़ मानदंडों में ही जकड़ा रहता है तो अंधकारमय युग के विषाद में मानव सभ्यता डूब जाती है।

अब इस नींद से जागो! कुंठित विचारों की माँद से बाहर निकलकर साहसिक नए विचारों के खुले क्षेत्र में विचरण करो। उपलब्धियों तथा सफलता की अनजान ऊँचाइयों को छूने के लिए अन्वेषी मन की अपार शक्ति को उदात्त बनाना है।

— विचार 4 —

बुरा मत सोचो—हम सबने यह नसीहत सुनी है—"बुरा मत देखो, बुरा मत सुनो, बुरा मत बोलो।" ठीक!

मैं आपको अपनी नई खोज के बारे में बताना चाहता हूँ। सबसे ज्यादा महत्त्वपूर्ण यह है कि बुरा मत सोचो। यह कोई आसान कार्य नहीं है। भगवान् ने हमें इस तरह से रचा है कि हम तब तक हमेशा बुरा सोचते रहते हैं, जब तक कि हम ऐसा न सोचने का प्रयास नहीं करते। इसके लिए अभ्यास की जरूरत है। इसके लिए सात्त्विक, सही व सकारात्मक सोच की जरूरत है।

याद रहे, बुरा न सोचना हमारे ऊपर निर्भर करता है। जी हाँ, मुझ पर, आप पर। अभी से शुद्ध विचारों को आत्मसात् करना आरंभ कर दें। आपको इस दिशा में कोई नहीं रोक सकता, सिवाय आपके।

हमारा मन कई एकड़ भूमि पर फैले खेत जैसा है—हमें सुनिश्चित करना है कि इस खेत से सार्थक, उपयोगी विचारों की नियमित रूप में फसल ली जाए। हमें इस फसल के लिए अपना समय लगाना है। एकाग्रता, मनन, ध्यानपूर्वक सर्वश्रेष्ठ बीज बोने हैं (नए विचार) तथा काफी मात्रा में खाद-पानी देना है

(मित्रों तथा सहयोगियों के साथ विचार-विमर्श, पढ़ना)। नियमित रूप से खर-पतवार उखाड़ना है तथा दवा डालकर रोगों की रोकथाम करनी (गलत तथा दुष्प्रेरित विचारों को फेंकना) भी जरूरी है।

अन्य व्यक्तियों के कार्य व व्यवहार के प्रबंधन से पहले आत्मसंयम अधिक महत्त्वपूर्ण है। इस प्रयोजन से छह तत्त्व अनिवार्य हैं—

1. गुण
2. अवगुण
3. अवसर
4. चुनौतियाँ
5. स्वास्थ्य
6. चरित्र।

- दूसरों के प्रबंधन से पूर्व आत्मसंयम के लिए किन शक्तियों या गुणों की जरूरत है :-

1. **समझदारी :** जब हम स्वयं से या किसी अन्य से प्रश्न पूछते हैं, तब इस प्रक्रिया में प्राप्त अनुभव 'समझदारी' है।
2. **बुद्धिमत्ता :** जब हम समझदारी और ज्ञान को परस्पर मिला देते हैं, तब हम बुद्धिमान हो जाते हैं। समझदारी के बल पर बुद्धिमत्ता हासिल की जा सकती है।
3. **धैर्य :** ऐसा गुण है, जो समझदारी और बुद्धिमत्ता के मिश्रण से उत्पन्न होता है। भरतजी ने जब राम के सामने कहा था कि वे सिंहासन पर नहीं बैठेंगे, तब उनके पास अपार धैर्य था।
4. **नैतिक मूल्य :** ऐसा अन्य गुण है, जो समझदारी, बुद्धिमत्ता और धैर्य के बाद उत्पन्न होता है। प्रत्येक व्यक्ति को अपने जीवन में सफलता, संतोष और आनंद लाने के लिए नैतिक मूल्यों का स्तर स्वयं निर्धारित करना होता है।
5. **स्वास्थ्य :** 66 वर्ष की आयु के बाद मैंने महसूस किया कि यदि मेरा स्वास्थ्य ठीक नहीं है तो मेरी शक्ति क्षीण हो जाएगी तथा मैं आनंद

व सुख नहीं उठा पाऊँगा। बरसों तक लापरवाही बरतने के कारण मैं मधुमेह का रोगी बन गया तथा इससे मेरे लिए और मेरे प्रियजनों के लिए अनेक समस्याएँ खड़ी हो गईं।

6. **चरित्र :** चरित्र एक ऐसा बल है, जो कठिन स्थितियों में भी संबल प्रदान करता है।

- **अवगुण**—प्रारंभ से ही मानव जाति में मूलभूत दुर्बलताएँ रही हैं। इसी कारण से हमारे लिए 'रामायण' और 'महाभारत' लिखे गए। मैं सरल शब्दों में आपको मनुष्य की दुर्बलताएँ समझाना चाहता हूँ :-

1. **क्रोध :** लक्ष्मण के बारे में विदित है कि उन्हें क्रोध जल्दी आ जाता था और इस वजह से उन्हें काफी कुछ झेलना पड़ा। इस पर जरा सोचें। मुझे लक्ष्मण तथा माचिस की तीली से प्रेरणा मिली है।
2. **प्रतिशोध :** रावण से मैंने प्रतिशोध नामक बुराई के बारे में जाना, समझा।
3. **ईर्ष्या :** द्रोणाचार्य ने एकलव्य से उसका अँगूठा माँगा था। यह सर्फ के उस विज्ञापन जैसी ईर्ष्या की अभिव्यक्ति है, 'उसकी साड़ी मेरी साड़ी से सफेद क्यों... ?' शत्रुता!
4. **अहंकार :** अहं! राजा दशरथ को अहंकार था कि वे बिना देखे, केवल सुनकर अपना लक्ष्य बेध सकते हैं। इसका कितना दुःखद परिणाम निकला! उनकी अज्ञानता तथा तटस्थता का कारण उनका अहंकार था।
5. **लालच :** जरूरतें पूरी हो सकती हैं, लेकिन लालच कभी नहीं। हममें से अधिकांश लोगों में लालच होता है तथा इसलिए हमें कितना कुछ भुगतना पड़ता है! अपने मन की बात सुनें! क्या आपको किसी चीज की वास्तव में जरूरत है? क्या आपने मन में हिसाब लगाया है? मुझे दुर्योधन से प्रेरणा मिली है। उसकी पाँच गाँववाली बात याद करें।
6. **चिंता :** मेरे मामले में हर दृष्टि से स्वावलंबी बनानेवाली पुस्तकों से मुझे काफी मदद मिली है। मैं स्वयं तथा उस 'रचनाकार' के साथ

शांति से रह रहा हूँ। कृष्ण के रूप में मेरे कुछ अच्छे मित्र हैं।

- **अवसर**—मानवजाति के रूप में इससे पहले ऐसे अद्‌भुत अवसर कभी नहीं मिले। आज प्रत्येक व्यक्ति के पास प्रचुर अवसर हैं—

  1. श्रेष्ठ संप्रेषण,
  2. श्रेष्ठ ज्ञान और सूचना,
  3. श्रेष्ठ स्वास्थ्य सेवाएँ,
  4. श्रेष्ठ यातायात के साधन।

टिप्पणी—लेकिन यदि आप हमेशा दु:खीराम ही बने रहते हैं तो आपके पास मुझसे असहमत होने के भी अनेक कारण होंगे। आगे बढ़ो! आप भी सही हैं।

चुनौतियाँ :

जीवन कोई बरफी का टुकड़ा नहीं है! यह भेलपूरी है—खट्टा-मीठा, मीठा-खट्टा तथा इसीलिए आज दुनिया के सामने निम्नलिखित चुनौतियाँ हैं—

- **खराब स्वास्थ्य** : मधुमेह का ध्यान रखें।
- **खराब कारोबार** : न्यूयॉर्क में क्या हुआ, इसका आप पर भी असर पड़ता है।
- **अनुशासनहीनता** : वाक् स्वतंत्रता कभी-कभी दुर्व्यवहार करने का लाइसेंस बन जाती है।
- **भगवान की इच्छा**—गुजरात का भूकंप कभी न भूलें।

महत्त्वपूर्ण बिंदु :

1. सेवानिवृत्ति के बारे में मत सोचें! कैरियर के दूसरे दौर के बारे में सोचें; क्योंकि आपको 90 वर्ष तक जीना है।

2. हमारा मन-मस्तिष्क विचारों का कारखाना है।

3. प्रतिभा प्रसार बनाम प्रतिभा पलायन।

4. हमारा मन जमीन है, जिसमें हम चाहें तो फूल उगाएँ, चाहें तो खर-पतवार!

5. समस्याओं के कारण ही हम सोचने के लिए बाध्य होते हैं।

6. ज्ञान 20 प्रतिशत+ कौशल 30 प्रतिशत+ अभिवृत्ति 50 प्रतिशत।

7. अधिकांश समस्याएँ विचार-शून्यता के कारण दिखाई देती हैं।

8. प्रत्येक समस्या को जीने-मरने का सवाल न समझें।

9. विफलता एक घटना है।

10. सुखीराम या दु:खीराम बनना आप पर निर्भर करता है।

11. महागणेश या गोबर गणेश बनना आपके हाथ में है।

12. यदि आप सामान्य समझ-बूझ से काम लें तो पाएँगे कि अब भी ईमानदारी का मार्ग ही सर्वोत्तम है।

□

2

जिज्ञासा
Asking

कर्मों का भली-भाँति निर्वहण करने के लिए ज्ञान का संचय जरूरी है

— विचार 1 —

आप एक बार यह धारणा बना लें कि आप अपने लाभ के लिए भीख नहीं माँगेंगे। आगे बढ़ें तथा स्वयं से पूछें। क्या आप अपने कार्य की तैयारी उतनी ही रुचि से करते हैं जितना आपके प्रियजन चाहते हैं ? अपना अनुरोध लिख लें; अंत:ज्ञान के आधार पर जिससे अनुरोध करना चाहते हैं, उसे भेज दें। आशा का दामन न छोड़ें। यह फॉर्मूला 90 प्रतिशत कारगर रहता है।

— विचार 2 —

इस सिद्धांत से आपका महत्त्व बढ़ेगा। किसी ने ठीक ही कहा है कि ''जब आप फिजूल के प्रश्न पूछेंगे तो आप फिजूल की गलतियाँ नहीं करेंगे।'' ज्यादा प्रश्न पूछने का अर्थ है कि आप कुछ सोच रहे हैं। (संभवत:) इससे अनुचित कार्य करने की संभावना भी खत्म हो जाएगी।

— प्रेरक कहानी —

समय बचाने के लिए सहायता की अभिवृत्ति

फ्रांसीसी सेना में सैनिकों की टोपियों का डिजाइन बदला जा रहा था। जनरल ने अपने ए.डी.सी. से पूछा कि कितनी टोपियाँ बदलने की जरूरत है ? ए.डी.सी. ने इसे गंभीर उत्तरदायित्व समझा तथा छह दिन तक हिसाब लगाता रहा। जब उसने जनरल को अपनी पूरी रिपोर्ट दी, जनरल ने इसे फाइल नं. 13 (रद्दी की टोकरी) में डाल दिया। ए.डी.सी. को इसे देखकर पहले धक्का पहुँचा, लेकिन फिर उसने महसूस किया कि वह जनरल के इस प्रश्न का अनुमान से भी जवाब दे सकता था; और शायद जनरल यही चाहते थे। प्रबंधन में इसे 'अनुमान की संकल्पना' कहा जाता है।

— विचार 3 —

कहने का तात्पर्य है कि अनेक परिस्थितियों में अनुमान की संकल्पना का प्रयोग किया जाना चाहिए। अन्य शब्दों में, सिर्फ अनुमान लगाएँ तथा अकसर यह तरकीब विस्तृत जानकारी या आँकड़ों के संचय तथा कई घंटों तक कार्य करने/परिश्रम करने की तुलना में अधिक सहज एवं तीव्र होती है।

— विचार 4 —

कई विचार असफल हो जाते हैं, व्यवहार में परिणत नहीं हो पाते; लेकिन इसकी वजह यह नहीं होती कि विचार श्रेष्ठ नहीं हैं, बल्कि इसका कारण यह है कि या तो समय से बहुत पहले ऐसा सोचा गया है या समय निकल जाने के बाद वे विचार उत्पन्न हुए हैं। किसी विचार को यह सोचकर अस्वीकार नहीं किया जाता कि विचार श्रेष्ठ नहीं है, बल्कि इसके मूल में यह कारण होता है कि यह क्षण उपयुक्त नहीं है। हो सकता है, अगले माह, अगले वर्ष, अगले दशक में इस बारे में कोई 'हाँ' कह दे।

— प्रेरक कहानी —

पिता, पुत्र और हाथी...वही करो, जो आपकी दृष्टि में सही है

एक बार पिता और उसका पुत्र सड़क पर चले जा रहे थे। तभी एक हाथी ने उनका रास्ता काट दिया। पुत्र हाथी खरीदना चाहता था और पिता ने कहा, 'नहीं।' 15 वर्ष बाद वे अपनी टोयटा गाड़ी में जा रहे थे। पुत्र ने पिता से पूछा कि "क्या मैं हाथी खरीद सकता हूँ?" पिता ने उसे अनुमति दे दी। पुत्र स्वयं को रोक नहीं पाया और पिता से पूछने लगा कि "इससे पहले आपने मुझे हाथी खरीदने की अनुमति क्यों नहीं दी? जबकि 15 वर्ष पहले इससे कम कीमत पर हाथी मिल रहा था।" पिता ने जवाब दिया, "बेटे, याद रखो, उस समय हम गरीब थे और हमारी प्राथमिकताएँ अलग थीं। आज हम हाथी खरीदने की सामर्थ्य रखते हैं। बस इतनी सी बात है।" अर्थात्, 'सवा पैसे का हाथी महँगा और सवा लाख का सस्ता'।

— प्रेरक कहानी —

रावण ने प्रश्न नहीं पूछा...क्यों?

रावण विद्वान् एवं बहुत बुद्धिमान था। उसके दस सिर थे। लेकिन जब शूर्पणखा रो रही थी, उस समय उसने समझदारी या बुद्धिमत्ता का सहारा नहीं लिया। रावण सत्ता के मद में चूर था। उसने उससे सही प्रश्न नहीं पूछा और आँख पर पट्टी बाँधे अपनी चालाक बहन की बात को मान लिया। हो सकता है, यदि हम उस स्थिति में होते तो राम और लक्ष्मण के पास जाकर पूछते कि लक्ष्मण ने शूर्पणखा की नाक क्यों काटी? इससे हमें यह नैतिक शिक्षा मिलती है कि हमें हर पक्ष पर भली-भाँति विचार करना चाहिए। यहाँ तक कि अविचारणीय पक्षों पर भी विचार करना चाहिए और आसान तरकीब ढूँढ़कर बड़ी समस्याएँ खड़ी करने की बजाय अपनी बुद्धि का पूरा इस्तेमाल करना चाहिए।

— प्रेरक कहानी —

धोबी...यह चिंता न करें कि लोग क्या कहेंगे

अपनी कंपनी, विभाग, अनुभाग, अपने परिवार में देखें कि कोई धोबी तो नहीं है! वह क्या करता है ? क्या वह मूर्खतापूर्ण प्रश्न पूछता है, जिससे लोगों के मन में शंकाएँ उत्पन्न होती हैं। इसी तरह राम के सामने धर्म-संकट उत्पन्न हो गया और उन्होंने कितना अजीब निर्णय लिया कि अपनी गर्भवती पत्नी को वन में भेज दिया। मेरे परिवार में शादी थी और 'कुछ धोबियों' के इरादे नेक नहीं थे। लेकिन मैंने विवेक व समझदारी की 'टॉर्च' जला रखी थी, इसके कारण मामला सँभल गया।

— प्रेरक कहानी —

आवश्यकता पड़ने पर ही नहीं, बल्कि इससे पहले ही अच्छे मित्र बनाएँ!

कुरुक्षेत्र में 'महाभारत' की कल्पना करें। रथ पर दिव्य सारथि के रूप में कृष्ण सवार! वे अपने मित्र के सभी आदेश सुनने के लिए तैयार हैं। अर्जुन को कौरव सेना में बड़े-बड़े महारथी (भीष्म, द्रोणाचार्य, कर्ण···) देखकर अचानक 'अर्जुन-रोग' हो गया।

अर्जुन कमजोर पड़ने लगे। अर्जुन के मन में भय उत्पन्न होने लगा, जिसके कारण वे कर्तव्य-पथ से विचलित होने लगे। युद्ध अर्जुन का 'कर्म' है।

कृष्ण शांत चित्त से अर्जुन को सुन रहे हैं। अर्जुन बार-बार युद्ध न करने का अनुनय-विनय कर रहे हैं। अर्जुन बार-बार दुर्बल तर्क दे रहे हैं।

हमें इस युद्ध-दृश्य से प्रेरणा लेनी चाहिए। दिन-प्रतिदिन के जीवन में—घर में, ऑफिस में, जब कभी हमारे सामने कठिनाइयाँ आती हैं, हमारे सामने, मन की आँखों के सामने दृश्य घूम जाते हैं। हमारे सामने बहाने होते हैं, मूड होता है, दृष्टि होती है। क्या ऐसा नहीं होता ? हम अपने ही खोल में, बंद कमरे में, संकीर्ण दायरों में छिप जाते हैं। छिप जाने की यानी पलायन की मनोवृत्ति है यह।

हमें क्या करना चाहिए? सुनें, सुनें, अपने भीतर की आवाज सुनें! अपने मन की आवाज सुनें! आपके मस्तिष्क का दायाँ भाग बाएँ भाग को चीख-चीखकर कह रहा है—'कर्म करो'। हममें से कई लोगों की मैदान छोड़ने की, कर्तव्य से विमुख होने की मानसिकता होती है। यह बहुत आसान है। लेकिन तब हमारा दायाँ मस्तिष्क जोर से और जोर से, बहुत जोर से 'कर्म' करने के लिए चिल्लाने लगता है। यही 'महाभारत' है। उस आवाज को अनसुना न करें। उसे सुनें। कोशिश करें। कर्म करें। आप 'कर्मयोगी' के मार्ग पर अग्रसर हों। आप संकीर्ण दायरों से बाहर निकलकर सोचें।

महत्त्वपूर्ण बिंदु :

1. ऑर्डर माँगना सेल्समैन के लिए बहुत महत्त्वपूर्ण है। कई बार बिक्री के सुनहरे अवसर छिन जाते हैं, क्योंकि सेल्समैन ऑर्डर माँगने में ही संकोच करता है।

2. पूछो, बार-बार पूछो...जिस व्यक्ति से आप कुछ पूछ रहे हैं या कह रहे हैं, उसके अनुसार स्वयं को ढालें और तदनुसार अनुरोध करें। याद रखें कि सामान्यत: कोई भी व्यक्ति 'ना' नहीं कहना चाहता।

3. पूछो, पूछो, पूछो—स्वयं से और अन्य लोगों से। अपनी दिव्य-दृष्टि का इस्तेमाल करें। अपने मानस चक्षु से दीर्घकालीन लाभ देखें। अर्जुन ने उस समय कृष्ण से उचित प्रश्न पूछे थे, जब उन्होंने दिव्य-दृष्टि का इस्तेमाल किया था।

4. सुनो सब की, करो मन की।

5. फिजूल के प्रश्नों से न डरें। फिजूल की गलतियों की तुलना में फिजूल

के प्रश्नों पर काबू पाना अधिक सरल है।

6. मुझको भी तो लिफ्ट करा दे, थोड़ी सी तो लिफ्ट करा दे।
बँगला मोटर कार दिला दे, एक नहीं दो-चार दिला दे।

7. आपके अंतर्मन में ऐसा गुरु, परामर्शदाता, साथी होना चाहिए जिस पर आप भरोसा करते हैं। कठिनाइयों में, चिंता के समय मदद ले सकते हैं।

8. तलवार से ज्यादा शब्द की ताकत होती है। लिखकर पूछें। आपको बहुत मदद मिलेगी। मैं ऐसा विज्ञापन लेने में सफल रहा, जिसमें वर्ष 1976 में 'फोर्ड ट्रैक्टर' पर हेमामालिनी बैठी थीं। 'जिज्ञासा' या 'पूछने' के माध्यम से सफल बिक्री क्षेत्र में उपलब्धियाँ मिलीं।

□

3

क्रिया (कर्म)
Action

कार्य करके आप सफलता और आनंद अनुभव करते हैं

— प्रेरक कहानी —

हनुमानजी प्रश्न नहीं पूछते थे; वह कार्य करते थे

हनुमानजी निष्ठा, स्वामी-भक्ति, ईमानदारी तथा नवोन्मेष के प्रतीक हैं। हममें से प्रत्येक व्यक्ति राम और हनुमान है—अर्थात् स्वामी और सेवक, अधिकारी और सचिव, पिता और पुत्र आदि। जब राम ने हनुमानजी को संजीवनी लाने के लिए भेजा था तथा हनुमानजी अपने गंतव्य स्थल तक पहुँच गए थे, तब कल्पना करो कि क्या दृश्य रहा होगा? हनुमानजी ने कभी संजीवनी नहीं देखी थी, न ही उन्हें इस बारे में कोई जानकारी दी गई थी। उस समय न कोई फोन था, न फैक्स! उनके पास दो विकल्प थे। अपनी कल्पना शक्ति तथा पहल शक्ति का इस्तेमाल करें या राम के पास लौटकर शिकायत लगाएँ कि उन्हें सही निर्देश नहीं दिए गए थे। हनुमानजी ने थोड़ी देर सोचा। उनके मानस-जगत् में विचार कौंधा कि सफलता के लिए कोई व्याख्या करने की जरूरत नहीं होती और विफलता की कोई व्याख्या होती ही नहीं। वह आगे बढ़े, पहाड़ उठा लिया

और वापस उड़ान भरने लगे। उन्हें यह आशा थी कि इस पर्वत पर ही संजीवनी होगी। अब, आज की दुनिया में, हमें और आपको हनुमानजी बनना होगा या कम-से-कम इस प्रसंग से प्रेरणा लेनी होगी, प्रशिक्षित होना होगा, इस तरह से कार्य करने होंगे। हनुमानजी से मुझे यह प्रेरणा मिली कि विचार-विमर्श करने के बाद, विचारणीय एवं अविचारणीय पहलुओं पर विचार करने के बाद इस आशा से कार्य करना चाहिए कि हमारे 'बॉस' (आप, पाठकगण, मेरे ग्राहक) इसे पसंद करेंगे।

— प्रेरक कहानी —

हनुमानजी...उन्हें उनकी शक्ति का स्मरण कराया जाता था

हनुमानजी से मुझे यह प्रेरणा भी मिली कि उन्हें अपनी शक्ति का भान नहीं था। जब कभी मैं कोई कार्य करते समय शंका में घिर जाता हूँ, मैं उनके बारे में सोचता हूँ तथा कल्पना करता हूँ कि कोई मुझे कुछ करने के लिए प्रोत्साहित कर रहा है तथा मुझे आश्वासन दे रहा है कि मैं यह कार्य कर सकता हूँ। हमारे पास हनुमानजी से बढ़कर कोई अन्य 'द्रोणाचार्य' (गुरु) नहीं हो सकते, जो हमें याद दिला सकें कि हम अपने विचारों की दुनिया से अधिक कार्य कर सकते हैं। (जामवंत ने हनुमान को अभिप्रेरित किया और उन्हें अनुभव कराया कि वे सागर लाँघ सकते हैं तथा उड़कर लंका पहुँच सकते हैं।) हम मात्र 10 प्रतिशत मस्तिष्क का उपयोग करते हैं। हमारा मस्तिष्क ही वास्तव में कुछ परिवर्तन लाता है। ओबराय शृंखला के एम.एस. ओबराय इसका श्रेष्ठ उदाहरण हैं—एक वर्ष की आयु में उनके पिता चल बसे। उन्होंने अपने अंकल की दुकान पर जूते बेचे और मेरी प्रोफेशनल दृष्टि में आधुनिक 'हनुमानजी' बन गए।

— विचार 1 —

समस्या के समाधान की दिशा में पहला कदम—इस दिशा में शुरुआत करना है। करो, करो, करो··· प्रयास, प्रयास, प्रयास···व्यस्त रहो।

मेरा मानना है कि दो प्रकार के प्रबंधक होते हैं—रिनोपाल और हनुमान टाइप। रिनोपाल प्रबंधक अपने हाथों पर मिट्टी नहीं लगने देते और हमेशा एकांत में रहते हैं। इसलिए वे बहुत ज्यादा तनावग्रस्त रहते हैं। हनुमान टाइप के प्रबंधक के हाथ मिट्टी में सने रहते हैं। वे हर क्षेत्र में—हर प्रकार का कार्य करते हैं। वे कुछ-न-कुछ करते रहते हैं, करते रहते हैं, जब उन्हें कुछ एहसास होता है, उससे पहले ही दिन समाप्त हो जाता है। उन्हें तनावग्रस्त होने का समय ही नहीं मिलता। है न कितना आसान!

— प्रेरक कहानी —

यदि मैं आगे नहीं बढ़ता हूँ तो मुझे कुछ नहीं मिलता...बिक्री क्षेत्र की श्रेष्ठ कथा! आपको अपने कारोबार, अर्थव्यवस्था, समृद्धि, आत्म-सम्मान तथा तनाव को कम करने के बारे में जानने की जरूरत है—आपको बहुत कुछ जानना है।

एक बार एक बूढ़ा व्यक्ति अपनी नाव पर एक रुपए में यात्रियों को लगभग एक मील चौड़ी नदी पार करवाता था। उससे प्रश्न पूछा गया, ''आप दिन में कितनी बार उस पार तक चक्कर लगाते हैं?'' उन्होंने कहा, ''जितनी बार मैं जा सकता हूँ, क्योंकि मैं जानता हूँ कि जितनी मेहनत करूँगा उतना ही मुझे फल मिलेगा। यदि मैं ऐसा नहीं करता तो मुझे कुछ नहीं मिलेगा।'' इसी वजह से प्रबंधन जगत् में यह कहावत, सूत्र वाक्य प्रचलित है कि यदि आप कोई कार्य करवाना चाहते हैं तो सबसे ज्यादा व्यस्त व्यक्ति को वह जिम्मेदारी सौंपे; वह यह कार्य कर लेगा। वह तनावरहित है। कार्य करवाने के लिए वह समय या धन की व्यवस्था कर ही लेगा।

— विचार 2 —

बोरिस बेकर...कोई व्यक्ति कोर्ट या खेल के मैदान में नहीं मरता

वर्षों पहले 17 वर्ष की आयु में बोरिस बेकर टेनिस में विश्व चैंपियन बन गया था।

- अगले वर्ष वह शुरुआती दौर में ही टेनिस मैच हार गया।
- चिंतित पत्रकार उसकी ओर दौड़ पड़े तथा उससे ऐसे प्रश्न करने लगे, मानो कोई आसमान गिर गया हो।
- शांत चैंपियन ने 18 वर्ष की आयु में बड़ी समझदारी से जवाब दिया, उसका जवाब बुद्धिमत्तापूर्ण था।
- "मित्रो, यह तो केवल टेनिस मैच था। कोई व्यक्ति टेनिस कोर्ट में ही नहीं मरता। मैं हार गया और मुझसे बेहतर खिलाड़ी जीत गया!" कितना आसान जवाब है।
- मित्रो, इसे 'के.एफ.पी.' रवैया कहते हैं—अर्थात् क्या फर्क पड़ता है! अधिकांश कार्य हमें करने होते हैं और जब कभी विफल हों, महान् बोरिस बेकर को कदापि न भूलें। विफलता भी तो एक घटना है।

— प्रेरक कहानी —

लकड़हारा...यदि अधिक फल चाहते हैं तो अपनी कुल्हाड़ी की धार तेज कर लें—एक बार हट्टे-कट्टे मजबूत लकड़हारे ने एक टिंबर व्यापारी के यहाँ नौकरी माँगी। उसे नौकरी मिल गई। वास्तव में उसकी तनख्वाह काफी अच्छी थी। काम करने की स्थितियाँ और हालात भी अच्छे थे। इसी कारण लकड़हारे ने भी बेहतरीन ढंग से कार्य करने का निर्णय लिया।

उसके बॉस ने उसे कुल्हाड़ी दी और वह क्षेत्र दिखाया, जहाँ उसे काम करना था।

पहले दिन लकड़हारे ने 18 पेड़ काटे।

"बधाई हो!" बॉस ने कहा, "ऐसे ही काम करते रहो।"

बॉस के शब्दों से प्रेरित होकर लकड़हारे ने अगले दिन और भी ज्यादा काम करने का प्रयास किया। लेकिन वह मात्र 15 पेड़ काट सका। तीसरे दिन उसने और भी ज्यादा मेहनत की, लेकिन वह 10 पेड़ ही काट पाया। दिन-प्रतिदिन उसकी कार्यक्षमता में कमी आती गई।

'जरूर, मेरी ताकत कम हो रही है!' लकड़हारे ने सोचा। वह बॉस के

पास गया तथा क्षमा माँगते हुए कहने लगा कि वह समझ नहीं पा रहा कि आखिर क्या हो रहा है ?

"तुमने अपनी कुल्हाड़ी की धार को अंतिम बार कब तेज किया था ?" बॉस ने कहा।

"तेज ? मेरे पास कुल्हाड़ी की धार को तेज करने का समय ही नहीं था! मैं तो पेड़ काटने में ही व्यस्त रहा।"

— प्रेरक कहानी —

अकबरजी–कुछ करें, खाली मत बैठें

अकबर और बीरबल के बीच बड़ा अद्‌भुत संबंध था। बीरबल मेधावी, शालीन, सुसंस्कृत था तथा उसके पास चिंतन शक्ति थी। उसकी यह अभिवृत्ति ऐसी थी कि उसे किसी भी दिन नौकरी से निकाला जा सकता था। वह भी जानता था कि आनेवाले कल की नौकरी आज के कार्य पर निर्भर करती है, न कि गुजरे कल पर। अकबर उससे बेतुके प्रश्न करता था और बीरबल चतुराई व धैर्य से एक दिन, एक सप्ताह या एक माह का समय लेता था और फिर जवाब के साथ ही लौटता था। निर्णय लेने की प्रक्रिया स्थगित करने की अभिवृत्ति! समझदारी से भरा बड़ा कार्य।

एक बार अकबर के प्रश्न करने पर बीरबल ने छह दिन के भीतर सम्राट् का चित्र बनाया। अकबर ने आठ नवरत्नों को टिप्पणी देने के लिए कहा। प्रत्येक नवरत्न उस समय तसवीर पर बिंदु लगा देता, जब उसे यह लगता था कि तसवीर में कमी है। अकबर ने बीरबल से कहा कि वह इसका जवाब दे। बीरबल ने सोचा और आठ खाली कैनवस अपने सहयोगियों के लिए बनवाए तथा कहा कि, "वे चित्र बनाएँ।" कोई भी आगे नहीं आया। अकबर निराशा भरी आँखों से बुदबुदाए, "खाली, शून्य लगानेवाले।"

नैतिक शिक्षा—दूसरों के कार्यों में कमी निकालना आसान है, लेकिन स्वयं कुछ करना कितना कठिन है।

महत्त्वपूर्ण बिंदु

1. हनुमानजी से सीखें—दे पंगा, ले पंगा।
2. आवश्यक कार्य करें, अनावश्यक नहीं।
3. अत्यावश्यक कार्य बनने से पहले ही महत्त्वपूर्ण कार्यों को निपटा लें।
4. परिश्रम करें, स्फूर्ति और सलीके से कार्य करें।
5. उलझन और शर्मिंदगी का डर हमें पीछे की ओर ले जाता है। निर्भय होना सीखें।
6. अभी करो या करने दो।
7. जब कभी आप मदद करने की स्थिति में हों, मदद करें। जितनी बार कर सकते हैं, करें—इसे 'नेटवर्किंग' या लोगों से जुड़ने की अभिवृत्ति कहा जाता है।
8. बॉस, पत्नी, पुत्र-पुत्री—आज मैं आपके लिए क्या कर सकता हूँ? अपने आस-पास के लोगों की मदद करके अपना समय बिताएँ।
9. बंदर इधर-उधर उछलते-कूदते रहते हैं और मधुमक्खियाँ कठिन समय के लिए कुछ-न-कुछ करती रहती हैं।
10. यह उम्मीद न रखें कि आपका बॉस प्रतिभाशाली या ज्ञानी है। उसका कार्य आपके माध्यम से या किसी अन्य के माध्यम से करवाना है।

11. छोटे-छोटे कार्यों को बड़ा समझकर करें, क्योंकि 'लघुता से प्रभुता मिले।'

12. अपने ऑफिस या कार्य करने की जगह को ऐसे रखें मानो भगवान् आपसे मिलने आ रहे हैं।

13. कोई भी प्रयास निरर्थक नहीं जाता।

14. केवल खयालों में ही न खोए रहें, कार्य का शुभारंभ करें।

15. एक बार में एक ही काम करें।

16. 'एवरेडी' दृष्टिकोण विकसित करें।

17. अभी तुरंत 'धन्यवाद' करें, भले ही रद्दी कागज पर लिखा हो।

18. प्रबंधन का अर्थ सही तरीके से कार्य करना है; नेतृत्व का अर्थ सही कार्य करना है।

19. रद्दी की टोकरी (फाइल नं. 13) का इस्तेमाल करें। जिसकी जरूरत नहीं, उसे फेंक दें।

20. प्राय: एक मिनट तक ही सही, लेकिन प्रार्थना करें।

21. बंदरगाह पर जहाज सुरक्षित होते हैं, लेकिन उनका मकसद समुद्र में जानाहै।

22. स्फूर्ति से कार्य करें, मात्र परिश्रम से नहीं।

23. सोच-समझकर, पर्याप्त समय देकर निष्कर्ष निकालना सीखें।

24. अपने कार्य-स्थल से तथा अपने दिमाग से भीड़भाड़ एवं अस्त-व्यस्त बातों को निकाल दें।

25. दूसरों के लिए आप क्या करते हैं? नियमित अंतराल पर स्वयं से यह प्रश्न पूछें।

26. आप यह न कहें कि दूसरे आपके लिए क्या कर सकते हैं? आप खुद के लिए जो कर सकते हैं, करें।

27. समस्याओं की परवाह न करें, अवसरों से लाभ उठाएँ। कार्यों के अत्यावश्यक बनने से पहले ही महत्त्वपूर्ण कार्य निपटा लें।

28. अपने कार्य में ही अपना रोजगार ढूँढ़ें। केवल नियमित कार्यों में ही अपना समय न गँवाएँ।

□

4

उन्नयन
Improving

उन्नयन आत्म-संतुष्टि के मार्ग पर अग्रसर करता है

— विचार 1 —

अपनी उपलब्धि की कद्र न करके महत्त्वाकांक्षा के पीछे मत भागें—कई बार ऐसा होता है कि 'बेहतरीन' की चाह में हम 'बेहतर' को भूल जाते हैं। मैंने अपने अनुभव से सीखा है कि यदि हम दस मामलों में से नौ मामलों में 'बेहतर' से संतुष्ट होते हैं; जो हमें बेहतर उपलब्धि मिली है, उसकी कद्र करते हैं तब भी हम अंतत: 'बेहतर' स्थिति में होंगे।

— विचार 2 —

सामान्यत: हर स्थिति में समझौता करना पड़ता है। हम नौकरी या कार्य के लिए सर्वश्रेष्ठ या बेहतरीन व्यक्ति नहीं हैं, न ही हमारी कंपनी; हम या तो इस बारे में शिकायत कर सकते हैं या इसमें सुधार ला सकते हैं।

— विचार 3 —

हमेशा पहले 'श्रेष्ठ' स्थिति से शुरुआत करें। जब इस मुकाम पर पहुँच जाएँ, तब 'बेहतर' स्थिति की ओर बढ़ने की कोशिश करें तथा 'बेहतर' सोपान पर टिके रहें। लगातार इस दिशा में बढ़ते रहें। यदि आप श्रेष्ठ से शुरुआत नहीं करते तथा हर बार 'बेहतर' सोपान की ओर बढ़ने की कोशिश नहीं करते, बल्कि इसकी बजाय 'बेहतरीन' सोपान की प्रतीक्षा में रहते हैं तथा कुछ कर्म नहीं करते, तो आप कहीं के नहीं रहेंगे। यदि आप सोचते हैं कि आप जो कुछ कर रहे हैं या जो कुछ किया है, वह बेहतरीन है तो विकास की गति रुक जाएगी। शीघ्र ही आपको पता चल जाएगा कि अन्य लोग आपसे कहीं आगे बढ़ गए हैं। इसलिए बेहतरीन से सावधान रहें। बेहतरीन भी बेहतर हो सकता है। आत्मसुधार का कहीं कोई अंत नहीं है।

— विचार 4 —

बहुत कम लोगों का सौभाग्य होता है कि वे महान् कार्य करते हैं। लेकिन सभी को छोटे कार्यों को खास तरीके से करने का सुअवसर अवश्य मिला है। छोटे-छोटे काम भी खास तरीके से किए जाएँ। अगले 20-30 वर्षों में आप महसूस करेंगे कि आपके प्रयासों की परिणति महान् कार्यों में हुई है।

— विचार 5 —

उत्साह क्या है? उत्साही बनने के लिए प्रेरणा या अभिप्रेरणा की जरूरत होती है। कैसे? आप भी कई कार्य कर सकते हैं। उत्साही लोगों को सुनें। प्रेरणादायी तथा आत्म-विकास की पुस्तकें पढ़ें। प्रसिद्ध लोगों की ऑडियो-वीडियो टेप्स सुनें, देखें। उत्साही लोगों के साथ रहें। उन लोगों, स्थानों तथा परिस्थितियों के बारे में सोचें, जिनसे आपकी निराशा दूर होती है। उन लोगों की संगति में रहें, जो हर कदम पर मदद के लिए तैयार रहते हैं। हम उन लोगों के तौर-तरीकों, अभिवृत्तियों तथा आदतों का अनुकरण करते हैं, जिनके साथ हम जुड़े हैं।

उन चीजों, कार्यों, घटनाओं के बारे में उत्साहित हों, जो आपके मन के

भीतर तथा आपके आस-पास घटित हो रही हैं। ताश खेलते समय उदास चेहरा ठीक हैं, लेकिन वास्तविक जीवन में नहीं। यदि आप किसी व्यक्ति के लिए कार्य करना चाहते हैं तो उसके बारे में सोचकर रोमांचित हो उठें।

उत्साह चारों ओर फैल जाएगा। उत्साह की दृष्टि से महत्त्वपूर्ण बात यह है कि जो भी आप करते हैं या कहते हैं, उसके बारे में निष्ठा रखें। निष्ठा के बिना आपका उत्साह निराधार है, इसलिए यह बहुत देर तक टिका नहीं रह सकता। निष्ठावान् बनने के लिए अपनी वैयक्तिक राजनीति, गप्पें, आलोचना तथा दोष ढूँढ़ने की प्रवृत्ति का तत्काल त्याग कर दें। आपको आनंद और उत्साह की प्राप्ति होगी। जब आप उत्साहित होते हैं, आपको कमोबेश समय रहते सफलता अवश्य मिलेगी। आप अपना ज्यादा समय कार्य करने पर लगाएँगे, न कि निरर्थक बेकार की बातों पर; भूसे से गेहूँ के दाने अलग करें। आप योजना बनाने के लिए विवश होंगे, जिससे कम समय में बेहतर परिणाम सामने आएँगे।

— विचार 6 —

आपकी प्राथमिकताएँ क्या हैं? प्राथमिकता तय करें, अपने लक्ष्यों को क, ख एवं ग श्रेणी में वर्गीकृत करें। छोटे-छोटे कार्य खूबसूरती से करें। सूचियाँ बनाएँ और हमेशा इस बारे में प्रसन्न रहें। विकल्पों के बारे में सोचें। आकस्मिक योजनाओं के बारे में सोचें। आशा रखें। टालमटोल की आदत को खत्म कर दें। हमेशा दोस्त बनाएँ, दुश्मन नहीं। यदि फिर भी दुश्मन हैं तो उन्हें दोस्तों में बदलें। 25 प्रतिशत ज्यादा तेज चलें। लेकिन 6 प्रतिशत बात करें। बातचीत कम करें; अनिवार्य कार्यों पर टिके रहें। अपने कार्य से प्यार करें, अपने जीवन से प्यार करें। चौरासी लाख योनियों तक आपको दोबारा मानव शरीर नहीं मिलेगा। उत्साह के साथ प्रत्येक कदम बढ़ाकर संतुष्टि लें! लेकिन हर कदम पर यह स्वीकार न करें कि मंजिल मिल गई है।

महत्त्वपूर्ण बिंद

1. संगठन 'असाधारण कार्य कर रहे साधारण लोगों का' संघ है।

2. यदि आप गलती नहीं करते तो इसका अर्थ है कि आपने 100 प्रतिशत प्रयास नहीं किया ।

3. अपने कमजोर पक्षों को पहचानें तथा अभी से इस दिशा में कार्य करना शुरू कर दें।

4. अधिक-से-अधिक शिक्षा ग्रहण करें।

5. अधिक-से-अधिक अनुभव लें।

6. स्वयं को व्यवस्थित करें। बहाने न बनाएँ।

7. यदि आप सुधार लाना चाहते हैं, तभी सुधार की संभावना उत्पन्न होगी।

8. 'संपूर्ण व्यक्ति' वही है, जो अपनी तुलना स्वयं से करता है।

9. यदि शांति के दौर में अपना पसीना बहाते हैं तो युद्ध में कम लहू बहाना पड़ेगा।

10. विंस्टन चर्चिल संभवतः इस सदी के सर्वाधिक प्रभावशाली वक्ता थे, लेकिन वह भी हकलाते थे। उनका जीवन इस बात का प्रमाण है कि भाषा बोलने की बाधा कोई बाधा नहीं है। वह अंतिम सदी के सर्वश्रेष्ठ वक्ता बन गए।

11. यदि कहीं विफल हो जाते हैं...तो अपना स्तर थोड़ा कम कर लें।

12. संपर्क में आनेवाले लोगों के साथ विचारों का आदान-प्रदान करें।

13. पहिए की पुनः खोज नहीं करनी, उसमें सुधार लाना है। भयभीत न हों, जोखिम उठाएँ।

14. प्रतिदिन आप अधिक समर्थ होते हैं या कम समर्थ होते हैं।

15. आपके पास कोई बेहतर विचार है, मेरे पास कोई अन्य। यदि हम विचार-विनिमय करते हैं तो हम दोनों के पास दो-दो विचार होंगे। इस पर विश्वास करें और कार्य करें।

16. अपनी नौकरी स्थायी न मानें। आपको किसी भी दिन नौकरी से निकाला जा सकता है।

17. यह चिंता न करें कि लोग क्या कहेंगे? वे तो हमेशा कुछ-न-कुछ कहेंगे। अपने में सुधार लाओ तथा उनका मुँह बंद कर दो।

18. जब आप प्रतिदिन स्वयं में सुधार लाते हैं तो प्रतिदिन कार्य के प्रति अधिक योग्य, उन्नति के योग्य तथा स्थायी बनते जाते हैं।

□

5

उत्कृष्टता
Excellence

यदि आपका लक्ष्य 'उत्कृष्टता' पर केंद्रित है तो आप अपना लक्ष्य अवश्य प्राप्त कर लेंगे

— विचार 1 —

चाहे आप कोई भी कार्य कर रहे हों, उसका आनंद उठाएँ। एक बार पुनः—चाहे आप कोई भी कार्य कर रहे हों, उसका आनंद उठाएँ। हममें से प्रत्येक व्यक्ति में चुनौतीपूर्ण कार्य करने की शाश्वत इच्छा होती है। लेकिन दुर्भाग्यवश, हममें से अधिकांश इस प्रतीक्षा में बैठे रहते हैं कि कब अवसर उनके द्वार खटखटाएँगे। ऐसा होता भी है! लेकिन दुर्भाग्यवश, हममें से अधिकांश दरवाजे पर अवसर की दस्तक सुन नहीं पाते; क्योंकि हम चाहते हैं कि अवसर की दस्तक के साथ धूम-धड़ाका हो। तथ्य यह है कि अनेक सुनहरे अवसर धीरे से दस्तक देते हैं। इस दौरान हम तनावग्रस्त हो जाते हैं। कुछ लोग इस 'दस्तक' को सुनकर आगे चलते रहते हैं। वे बहुत व्यस्त होते हैं। वे उसी कार्य को पसंद करने लगते हैं, जो कर रहे हैं। यह स्थिति अंडे और चूजे की कहानी जैसी हो जाती है, जिसमें चूजा पहले इस दुनिया में आ जाता है तथा खुरचना शुरू कर देता है और खुरचता जाता है, जब तक पर्याप्त कीड़े निकलने शुरू नहीं

हो जाते हैं तथा फिर 'सुनहरे अंडों' की उत्पत्ति शुरू हो जाती है।

यदि दस्तक सुनाई नहीं देती तो उठो, बंद दरवाजे खोलो और व्यस्त हो जाओ तथा ईश्वर ने जो कुछ दिया है, उसे सहर्ष स्वीकार करो! क्यों न दरवाजे पर ही खड़े रहें और दरवाजा खुला रखें, और जो भी मौका या अवसर गुजरे या आए, उसे लपककर ग्रहण करें? आत्म-संतुष्टि की भावना आने पर तनाव लुप्त हो जाएगा। अन्य शब्दों में—''यदि हमें जीवन में 'नींबू' मिलते हैं तो हमें यह शिकायत नहीं करनी है कि दूसरों को वेट 69, अमूल मक्खन, केनटकी फ्राइड चिकन मिला है।'' आप अपने नींबुओं में व्यस्त हो जाएँ और 'लेमनेड' बनाना शुरू कर दें। फिर बेचना शुरू कर दें। बेचें, बेचें, बेचें—जब तक कि वे 'हॉट केक' की तरह बिकने न लगें—विश्वास रखें, एक दिन जरूर बिकने लगेंगे! तब आप उससे वेट 69, अमूल मक्खन, केनटकी फ्राइड चिकन भी खरीद लेंगे। यही सारी कहामी है। दोस्तो, उत्कृष्टता के मुकाम छूने के कई तरीके हैं, लेकिन तरीका बहुत ज्यादा महत्त्वपूर्ण है।

— विचार 2 —

'उत्कृष्टता' धीमी प्रक्रिया है। यह प्रक्रिया अमिताभ बच्चन के उदाहरण से भली-भाँति समझाई जा सकती है। वह किसी कंपनी में एक्जीक्यूटिव थे। फिर अपना भाग्य आजमाने के लिए फिल्मों में चले गए। धीरे-धीरे अनेक बाधाएँ पार कीं। वे निरंतर अपने कार्य में सुधार लाते रहे; वे फिल्म जगत् में कामयाब रहे। बहुत ज्यादा कामयाब रहे। फिर, ए.बी.सी.एल. का दौर आया और उनका दिवाला निकल गया। उन्हें 'कौन बनेगा करोड़पति' नामक सीरियल में काम करने का अवसर मिला। और फिर नए इतिहास की रचना हुई। यह बिलकुल साधारण कार्य था; लेकिन बच्चनजी ने यह कार्य असाधारण एवं उत्कृष्ट रूप से संपन्न किया—उनके प्रत्येक संवाद के पीछे उनका चरित्र, सद्भाव तथा प्रतिष्ठा जैसी खूबियाँ उनके चेहरे से झलकती थीं। 'शोले' जैसी सफल फिल्मों के दौरान मिले अनुभव से उनके व्यक्तित्व में निखार आया। उनके मामले में, प्रबंधन का यह सूत्र वाक्य खरा उतरा—70 प्रतिशत परिश्रम और सही ढंग से कार्य + 30 प्रतिशत भाग्य! मेरे विचार में, उत्कृष्टता वर्षों तक किए

INDIAN FOOD

जा रहे कर्मों का परिणाम होती है।

अब दलेर मेहँदी का उदाहरण लेते हैं। 10वीं पास, टैक्सी ड्राइवर—इस समय करोड़पति! साधारण-सा भँगड़ा उन्होंने असाधारण रूप से किया। उन्होंने पिता की इच्छा के विरुद्ध रास्ता अपनाया। उत्कृष्टता की दृष्टि से मेरी प्रिय कहानी 'समोसा क्वीन' की है। 44 वर्षीय परवीन वारसी जब लंदन गई, उसने अपने रसोईघर में समोसे बनाकर बेचने शुरू कर दिए। अगले 25 वर्षों के दौरान उसके पास 1,300 कर्मचारी हैं तथा उसकी वार्षिक बिक्री 10 करोड़ पॉउंड डॉलर तक पहुँच गई। कृपया उत्कृष्टता के संबंध में आप भी अपने आस-पास की कहानियों पर ध्यान दें तथा उत्कृष्टता और आनंद (Ecstasy) की आजीवन यात्रा आरंभ कर दें। सेमिनार फोल्डर इस यात्रा का ही अंग है। सन् 1966 में इसकी शुरुआत हुई, जब मैं एस्कॉर्ट में था। यह 36 वर्ष की तपस्या है। मैं अपनी तुलना किसी अन्य के साथ नहीं करता, बल्कि खुद से ही करता हूँ। इसलिए मैं पूरी तरह से प्रसन्न हूँ। मुझे कोई दुःख नहीं, कष्ट नहीं, शिकायत नहीं। मेरे लिए भी यह स्थिति उत्कृष्ट लक्ष्य तक पहुँचने की यात्रा है।

— विचार 3 —

भगवान् ने हमें मन की एक एकड़ भूमि दी है। हमारी मरजी है, चाहे तो गेहूँ उगाएँ या आम। यदि हम गेहूँ बोते हैं तो तीन माह के भीतर फसल काट लेंगे। अब, यदि आम का पेड़ लगाते हैं तथा उसकी भली-भाँति देखभाल करते हैं तो आपको पाँच साल बाद आम मिलेंगे; लेकिन अगले सौ वर्षों तक आम मिलते रहेंगे। कभी न भूलें कि उत्कृष्टता कौशल है, अभिवृत्ति है, दृष्टिकोण है। यदि आप सपना देख सकते हैं तो आप इसे साकार भी कर सकते हैं। वाल्ट डिज़्नी ने 10 सेंट में कार्टून बनाने शुरू किए—मिकी माउस—तथा अंत में उनकी मेहनत विश्व भर में 'डिज़्नी वर्ल्ड' में परिणत हुई।

— प्रेरक कहानी —

समोसा क्वीन—यू.के. की असाधारण कहानी : परवीन वारसी ने डर्बी में अपने घर में समोसे बनाकर बेचने शुरू कर दिए।

आज 'समोसा क्वीन' की चार फैक्टरियों में 1,300 कर्मचारी हैं। एस ऐंड फूड्स नामक कारोबार से 10 करोड़ पाउंड से ज्यादा वार्षिक बिक्री आय प्राप्त हो रही है और उनके द्वारा तैयार किए गए मलेशिया, थाईलैंड तथा चीन के भोज्य पदार्थ ब्रिटिश सुपर मार्केट में भेजे जा रहे हैं।

वह अपने रसोईघर से शुरुआत करने के बाद इतने बड़े प्रमुख व्यवसाय की चुनौती का कैसे सामना कर पाईं?

कभी-कभी अज्ञानता से भी काफी मदद मिलती है। यदि वह जानती कि यह कार्य इतना कठिन होता है, तो वह शायद ऐसा न करती।

इस यात्रा में सबसे ज्यादा उसकी मदद किसने की?

उसके परिवार ने। महिला होने के नाते उस पर दो-दो जिम्मेदारियाँ थीं। उसके पति ने काफी सहयोग दिया। उसके ग्राहकों ने काफी सहयोग दिया। जैसे—वह खाद्य स्वच्छता, गुणवत्ता नियंत्रण आदि के बारे में कुछ नहीं जानती थी। इस क्षेत्र में ग्राहकों ने मदद की थी।

भारतीय मूल—हर यात्रा का मूल स्थल होता है। परवीन की इस यात्रा की जड़ें भारतीयता में निहित थीं। परिवार के अनुभवों के विभिन्न पहलुओं तथा भारतीय संस्कृति का उसकी उद्यमशीलता, दृष्टिकोण तथा दूरदृष्टि पर प्रभाव पड़ा था। वह ऐसे परिवार में जनमी, पली, जहाँ पारंपरिक तरीकों/नियमों का आदर किया जाता था तथा परिवर्तनशीलता को भी बढ़ावा दिया जाता था। उनके पिता सिविल इंजीनियर थे, इसलिए उनका परिवार अकसर एक स्थान से दूसरे स्थान तक जाता रहता था। लगातार भ्रमण से परवीन को यह जानने का अवसर मिला कि विभिन्न सांस्कृतिक पृष्ठभूमिवाले लोगों के साथ रहना सीखकर हम कैसे मित्र बना सकते हैं? वह विभिन्न स्थानों को प्यार करती थीं। उन्हें अलग-अलग व्यंजन तैयार करने का अनुभव प्राप्त हुआ था तथा उन्होंने अलग-अलग रीति-रिवाजों को जाना। सामान्य रूप में यह परिवर्तन का चक्र चलता रहा। उन्होंने बार-बार नए सिरे से जीना सीख लिया तथा इसका आनंद भी उठाया।

माता-पिता : उनके पिता अकसर अपने कार्य के बारे में बातचीत करते थे। वे परिश्रमी व्यक्ति थे तथा हमेशा उच्च कोटि के मानकों का ध्यान रखते

थे। वे दृढ़ निश्चयी थे तथा उसमें विश्वास रखते थे। परवीन याद करती हैं कि उन्हें कैसे अपने पिताजी से प्रेरणा मिली! वह इस बात से सहमत हैं कि अपने मूल्यों के आधार पर लीडर के रूप में जीवन जीने का अपना महत्त्व है।

अपनी माँ और दादी से उन्होंने सीखा कि कैसे अपने संगठन का भावात्मक सहयोग प्राप्त किया जा सकता है। वह आज भी अपने स्टाफ तथा ग्राहकों के संदर्भ में लोगों की आवश्यकता तथा अपेक्षाओं को समझने में समय लगाना जैसी सीख का ध्यान रखती है।

खराब समोसा : लगभग दस वर्षों से इंग्लैंड में रह रही परवीन ने सन् 1986 में पहली बार अपनी स्थानीय सुपर मार्केट में समोसा देखा। कौतूहलवश उन्होंने समोसा चखा। इसे खाकर उन्हें निराशा हुई। यह बहुत ज्यादा चिकना व बेकार था और इसमें भारतीय व्यंजन का स्वाद नहीं था। वह अपने वकील पति के साथ इंग्लैंड आई थीं। उनके पति के प्रशिक्षण की अवधि बढ़ गई। साथ में उनका छोटा बच्चा भी था। परवीन ने वहाँ अपने पैर जमा लिये। उन्होंने अंग्रेजी सीख ली। वह यहाँ के रीति-रिवाज तथा तौर-तरीकों पर हैरान थीं और सब्जियों, आलू व गोभी की कमी देखकर स्तब्ध थीं। सन् 1986 तक उनके दोनों बेटे बड़े हो गए थे। 'यहाँ तुम बहुत कुछ कर सकती हो!' वह खुद से बोलीं। उनकी उकताहट खत्म होने लगी थी।

खराब समोसों को देखकर उन्होंने फैसला किया कि लोग भारतीय भोजन पसंद करते हैं। उनकी जानकारी के मुताबिक लोग अच्छा भोजन चाहते हैं। 'लोगों तक अच्छा खाद्य पदार्थ पहुँचाने की जिम्मेदारी किसी-न-किसी को तो उठानी है। इसलिए मैं ही क्यों नहीं?'

राष्ट्रीय खिलाड़ी के लिए कुटीर उद्योग : परवीन का उदयशील कैरियर उनके रसोईघर से शुरू हुआ था। उन्होंने अपनी व्यंजन विधियाँ परखीं। भारतीय स्नैक के स्थानीय रेस्तराँ को इनकी बिक्री के लिए सहमत कर लिया। देखते-ही-देखते उनकी लोकप्रियता ने विस्फोटक रूप ले लिया। इसलिए उसका कार्य कुटीर उद्योग में बदल गया।

मदद के लिए पाँच अन्य भारतीय महिलाएँ आगे बढ़ीं

शीघ्र ही वे स्थानीय माँग को पूरा करने लगीं। इस अवस्था पर परवीन के पैर मजबूती से जमीन पर टिके थे, लेकिन उन्होंने कभी आकाश की ओर नहीं देखा या असंभव कल्पना नहीं की। ऊपर की ओर देखते समय उनकी नजरें 'सुपर मार्केट शेल्फ' पर टिकी रहती थीं, क्योंकि इससे उनका सामान राष्ट्रीय स्तर पर वितरित होगा। देश के बाहर अपना स्वादिष्ट भोजन ले जाते हुए उन्होंने स्थानीय रेस्तराँ को ऐसे स्थल के रूप में देखा, जहाँ उसके उत्पादों को परखा जा सकता था तथा साथ ही उत्पाद तैयार करने की क्षमता भी परखी जा सकती थी। इस अवस्था पर उनकी योजना विनिर्दिष्ट नहीं थी। वह आकाश की ओर देखती थीं, क्योंकि उनका विश्वास था कि आपके कल्पना-जगत् के वास्तविक धरातल पर भी संभावनाएँ हैं।

महत्त्वपूर्ण बिंदु

1. प्रत्येक कार्य उस व्यक्ति का प्रतिबिंब होता है, जिसने वह कार्य किया। उत्कृष्ट रूप से कार्य करके अपनी मुहर लगाएँ।

2. प्रत्येक सुबह अफ्रीका में हिरण जाग जाता है। वह जानता है कि उसे तीव्रगामी शेर से ज्यादा तेज दौड़ना है, अन्यथा वह मारा जाएगा। प्रत्येक सुबह शेर जाग जाता है। वह जानता है कि उसे सबसे धीमी गति से दौड़नेवाले हिरण को पछाड़ना है, नहीं तो वह भूखा मर जाएगा। इस बात का कोई फर्क नहीं पड़ता कि आप शेर हैं या हिरण। जब सूर्य उदित होता है, तब आपको बेहतर रूप में दौड़ना है।

3. चुनौती जीवन का हिस्सा है। यह जानते हुए कदम बढ़ाएँ कि आप जीत जाएँगे। कुछ समय बेकार चला जाएगा, लेकिन आपको इस प्रक्रिया में बेहतर व्यक्ति बनना है।

4. अपने कार्य को मिशन समझें, न कि मात्र नौकरी।

□

6

आनंद और तनाव
Joy & Stress

आनंद को ही अपना लक्ष्य बनाएँ

— एक्शन प्लान 1 —

मेरी राय में समझदारी के साथ स्वयं की खुशी को अपना लक्ष्य बनाना स्वार्थ की भावना नहीं है। यहाँ पर मैंने उत्कृष्ट खोज की है—पहले स्वयं को खुश रखें, फिर परिवार को।

- यदि आप एक घंटे की खुशी चाहते हैं तो झपकी लें।
- यदि आप एक दिन की खुशी चाहते हैं तो पिकनिक पर जाएँ।
- यदि आप एक सप्ताह की खुशी चाहते हैं तो छुट्टियाँ मनाने जाएँ।
- यदि आप एक माह की खुशी चाहते हैं तो शादी कर लें।
- यदि आप एक वर्ष की खुशी चाहते हैं तो जायदाद बनाएँ।
- यदि आप जीवन भर की खुशी चाहते हैं तो अपने कार्य से प्यार करना सीखें।

— एक्शन प्लान 2 —

हममें से कुछ लोग इतने मूर्ख होते हैं कि जीने के लिए अपने कार्य से प्रेम नहीं करते। हम ऐसी चीज का स्वप्न देखते हैं, जो बाद में मिल सकती है।

बाड़ के दूसरी ओर घास अधिक हरी-भरी दिखाई देती है या सर्फ का विज्ञापन—'उसकी साड़ी मेरी साड़ी से सफेद क्यों'? जीवन के इस तथ्य के बारे में आप भी ऐसे ही सूत्र-वाक्य बना सकते हैं।

— एक्शन प्लान 3 —

अपनी संपत्ति और बुद्धिमत्ता का लेखा-जोखा लें। यदि आपकी पत्नी स्वस्थ है, इसे लिख लें। यदि आपका बेटा स्वस्थ है, इसे भी लिख डालें। आप कह सकते हैं कि वह पढ़ाई में इतना होशियार नहीं है। इसे दूसरी ओर लिखें। फिर कुछ समय के भीतर, यानी 3 वर्ष के भीतर, उसमें सुधार लाने की योजना बनाएँ। आप एक झटके में ऐसा नहीं कर सकते।

— एक्शन प्लान 4 —

आनंद या खुशी सकारात्मक सोच का ही प्रवाह है। आनंद या खुशी इस पर निर्भर नहीं करती कि आप कितना कमाते हैं, बल्कि महत्त्व इस बात का है कि आप कितना बचाते हैं। अपने इस नकद प्रवाह को बढ़ाने के दो तरीके हैं तथा साथ ही इनसे आपके जीवन में आनंद-ही-आनंद आता है—अपनी माँग या खर्च कम करके या अपनी आय बढ़ाकर। अपनी माँग या खर्च को अभी कम कर सकते हैं, जबकि आय बढ़ाने में समय लगता है। चाहे आप 9,000 रुपए कमाते हैं या 90,000 रुपए, यही नियम लागू होता है।

— एक्शन प्लान 5 —

व्यस्त हो जाओ, खूब व्यस्त, जिजीविषा के साथ।
लगे रहो
लगे रहो
ल गे रहो…
लगन से।

— एक्शन प्लान 6 —

कोई भी व्यक्ति सर्वगुण-संपन्न यानी 10/10 नहीं है।

8/10 से काम चलेगा!!

आप, मैं, हमारी कंपनी, हमारे कार्य, नौकरी या जीवन के किसी अन्य क्षेत्र में 10 में से 10 नंबर कभी नहीं आते। जीवन में आपको जो मिलता है, उससे तालमेल बिठाएँ, स्वीकार करें तथा धीरे-धीरे और लगातार सुधार लाएँ।

— एक्शन प्लान 7 —

जीवन का आनंद हमारे स्वास्थ्य में छिपा है। हो सकता है कि अभी आप युवा हैं, इसलिए ऐसा महसूस न करते हों; लेकिन 40 वर्ष के बाद यकीनन ऐसा हो सकता है। मुझे 50 वर्ष की आयु तक ग्लूकोमा-दाब का पता नहीं था। इस समय मुझे अचानक इसका पता चला कि ग्लूकोमा की वजह से मेरी दाईं आँख की दृष्टि हमेशा के लिए चली गई है। अपने बच्चों के प्रति भी सावधान रहें। स्वास्थ्य, आनंद, तनाव-मुक्ति और बुद्धिमत्ता विषयक पुस्तकें पढ़ें। पुस्तकें आपके लिए बहुत ज्यादा लाभप्रद होंगी, क्योंकि हमने 36 वर्षों में लगभग 300 पुस्तकों से अच्छे विचार 'कॉपी' किए हैं। हमने इन पुस्तकों की 10,00,000 प्रतियाँ बेचीं।

मैं घर पर प्रतिदिन रक्तदाब व शुगर की जाँच करता हूँ और उसके अनुसार अपने आहार, व्यायाम एवं दवाओं में फेर-बदल कर लेता हूँ।

— एक्शन प्लान 8 —

'न' कहना सीखें। साथ में अपने सहयोगी लोगों की 'न' सुनना सीखें। याद रखें—अच्छा हो या बुरा, सब गुजर जाएगा। विरले ही कोई चीज जीवन-मृत्यु का प्रश्न बन जाती है। तथापि यदि समय सीमा चूक जाती है तो भविष्य को सँवारना सीखें।

— प्रेरक कहानी —

हेनरी फोर्ड''' छोटी-छोटी बातों में भी खुशी छिपी है! हेनरी फोर्ड प्रत्येक शुक्रवार शाम को अपनी पत्नी के लिए फूल खरीदते थे। एक बार उन्होंने बूढ़े दुकानदार से कहा, ''आपकी तो बड़ी अच्छी 'शॉप' है। आप ब्रांच क्यों नहीं खोल लेते?'' दुकानदार—''सर, फिर उसके बाद क्या होगा?'' हेनरी फोर्ड—''तब इस शहर में तुम्हारी अनेक ब्रांच होंगी!'' दुकानदार—''उसके बाद क्या होगा?'' हेनरी फोर्ड—''फिर पूरे यू.एस.ए. में होंगी!'' दुकानदार—''सर, उसके बाद क्या होगा?'' हेनरी फोर्ड गुस्से से—''तो उसके बाद तुम तनावमुक्त और बहुत सुखी हो जाओगे।'' दुकानदार—''वह तो मैं अब भी हूँ।'' और फोर्ड चुपचाप खिसक गए।

अपने क्रोध पर काबू पाने के लिए माचिस की तीली से सीखें— अब मैं आपको 'रामायण' से क्रोध का प्रसिद्ध उदाहरण देना चाहूँगा। रावण के दस सिर थे। वह बड़ा विद्वान् था। फिर भी उसकी सफलता ने उसकी विनम्रता तथा अन्य गुणों को खत्म कर दिया था।

इसलिए जब उसकी बहन शूर्पणखा उसके दरबार में गुहार लेकर आई तथा उसने मनगढ़ंत कहानी सुनाई तो तुनुक मिजाजवाला उसका भाई ये सरल प्रश्न पूछना भी भूल गया—

- तुम राम और लक्ष्मण से मिलने क्यों गईं?
- वास्तव में क्या हुआ था?
- मैं पहले राम से बात करके कहानी का दूसरा पक्ष क्यों न जानूँ?

परिणाम क्या निकला? शून्य; लेकिन उसे तथा उसके परिवार को तनाव झेलना पड़ा।

रावण 'रामायण' का सबसे ज्यादा तनावग्रस्त व्यक्ति रहा है, क्योंकि उसे क्रोध बहुत जल्दी आता था।

इसलिए दोस्तो, क्यों न पहले सोचो, फिर बोलो! बार-बार आत्म-विश्लेषण करके अपना क्रोध कम करें तथा फैसला लें कि आप क्या बनना चाहते हैं—राम या रावण?

— प्रेरक कहानी —

बीरबलजी…सादृश्य या अनुमान शक्ति का प्रयोग करें—एक सुबह अकबर ने अपने नवरत्नों से पूछा, "आगरा में कितने कौए हैं? यह बहुत महत्त्वपूर्ण प्रश्न है। हमें यह जानकारी तत्काल चाहिए। आपको मुझे सही जवाब देना होगा, नहीं तो गंभीर समस्या उठ खड़ी होगी। मैं इसकी चेतावनी देता हूँ।"

नवरत्न डर गए। कोई भी यह नहीं जानता था कि शहर में कितने कौए हैं।

नवरत्न दुविधा में थे। यदि वे जवाब नहीं देते तो बादशाह उन्हें दंड देगा। यदि वे जवाब देते हैं, तब भी उन्हें दंड दिया जाएगा।

केवल बीरबल शांत थे। कुछ देर बाद उन्होंने कहा, "जहाँपनाह, आगरा में ठीक दस हजार छह सौ छियासठ कौए हैं।"

"बीरबल, तुम्हें पक्का विश्वास है?" सम्राट् ने कहा, "हम सारे कौओं की गणना कराएँगे तथा इस बात की पुष्टि करेंगे कि आपका जवाब सही है या नहीं।"

"जहाँपनाह, आप ऐसा कर सकते हैं।" बीरबल ने शांतिपूर्वक जवाब दिया, "लेकिन मैं यह यकीन से नहीं कह सकता कि जब तक गणना पूरी होगी तब तक सारे कौए आगरा में ही रहेंगे। हो सकता है, कुछ कौए दिल्ली में अपने रिश्तेदारों तथा दोस्तों के यहाँ गए हों। फिर ऐसी स्थिति में कौओं की संख्या कम होगी। यह भी संभव है कि उनके मित्र तथा रिश्तेदार उनसे मिलने आगरा आए हों, ऐसे में संख्या बढ़ जाएगी। लेकिन मैं पूरे यकीन के साथ कह सकता हूँ कि इस समय आगरा में दस हजार छह सौ छियासठ कौए हैं।"

सम्राट् अकबर जोर से हँसने लगे तथा कहा, "बीरबल, तुम्हारा जवाब लाजवाब है।"

अनेक बार हम 'कछुए की तरह सिर नीचे की ओर गड़ाकर' समझदारी एवं अनुमान शक्ति के प्रयोग से सामान्य ज्ञान का इस्तेमाल करके अपनी खुशी बढ़ा सकते हैं तथा तनाव कम कर सकते हैं। इसे 'बुद्धिमत्ता' कहा जाता है। बुद्धिमत्ता के साथ 'ज्ञान' जुड़ा होता है। इन दोनों के मिश्रण का परिणाम 'प्रज्ञा

शक्ति' होती है। इसके सम्मिश्रण से 'धैर्य' आता है और इस प्रकार से जीवन में 'आनंद का मार्ग' खुलता है तथा हम तनावमुक्त होते हैं।

महत्त्वपूर्ण बिंदु

1. कार्यालय तथा घर पर उत्तम गृह व्यवस्था (हाउसकीपिंग) सीखें। जिन चीजों से आपको झुँझलाहट होती है, उन्हें हटा दें। जैसे फ्यूज बल्ब, नंगी तार, गंदी दीवार आदि।

2. अपने 'कर्मों' का स्वयं विश्लेषण करें। यदि आप अपने प्रति ईमानदार हैं तो आप जान जाएँगे कि क्या सही है, क्या गलत—यहाँ तक कि श्वेत-श्याम के बीच कुछ अस्पष्ट छायाएँ भी होती हैं।

3. भेलपूरी की तरह जीवन खट्टा-मीठा है।

4. जीवन बरफी का टुकड़ा नहीं कि जिस साइड से खाएँगे, आपको आनंद-ही-आनंद मिलेगा।

5. अपना मुँह बंद रखें।

6. चींटी के लिए पानी की एक बूँद भी बाढ़ के समान होती है। अपने भीतर चींटी का यह गुण विकसित करें।

7. स्वास्थ्य और आनंद के चार स्रोत हैं—गहरी निद्रा, सादा भोजन, गहरी श्वास, सही सोच या सात्त्विक विचार।

8. पारिवारिक कार्य-व्यापार में फूट या मतभेद होने से आपका जीवन

अंततः नरक बन जाएगा। अपना पारिवारिक कार्य–व्यापार सँभालें, आपका घर स्वर्ग बन जाएगा।

9. अच्छा–बुरा सब बीत जाएगा।

10. श्रीकृष्ण ने आनंद से परिपूर्ण जीवन को प्रोत्साहित किया।

11. जो आपको पसंद नहीं, वह खाओ। जो आपको कुछ पसंद है, उसे मत खाओ। यही डाइटिंग का रहस्य है।

12. जब मैं सेमिनार में भाग लेता हूँ, मुझे उसका भुगतान किया जाता है; लेकिन एक बार जब मैं अच्छी पुस्तक लिखता हूँ, मुझे प्रतिदिन मेहनत की भरपाई होती है, जब पुस्तक बिकती है, कहीं पर भी बिकती है। इसके लिए ज्ञान, कौशल और दृष्टिकोण की आवश्यकता है।

13. नौकरी से अस्थायी आय सृजित होती है। जब आप 'कार्य' करते हैं, तभी आपको आय मिलती है।

14. लंबे समय तक धन का निवेश करके संपत्ति अर्जित होती है। यदि हम 10 या 20 प्रतिशत पूँजी हर माह बचाते हैं तो यह तरकीब कामयाब हो जाएगी। आप संपत्ति अर्जित करना शुरू कर देंगे।

15. अपना तनाव कम करने के लिए अपने मन के कृष्ण को आगे आने का मौका दें। सोचें, परखें, पहले से ही अपने मित्रों को आजमा लें।

16. अपने गुणों, शक्तियों से स्वयं की तुलना करें। अपने आपसे प्रसन्न रहें।

17. जब हम स्वयं की दूसरों के साथ तुलना करते हैं, तब तनाव उत्पन्न होता है।

18. जब हम क्रोधित होते हैं या हठ करते हैं, तब हमारे शब्द कमान से निकले तीर के समान होते हैं, जो लौटकर नहीं आएँगे।

19. कभी-कभी आपकी खुशी से मुसकान उत्पन्न होती है। लेकिन कभी-कभी आपकी मुसकान से भी आपकी खुशी उत्पन्न हो सकती है।

20. खुश रहने के लिए थोड़ी सी मुसकान की जरूरत होती है।

21. यदि हम खुशी बाँट नहीं सकते तो वह आरंभ में ही समाप्त हो जाएगी।

22. पारिवारिक संबंधों से खुशी प्राप्त करने का दृष्टिकोण; जैसे—गाय दूध नहीं देती, दूध निकाला जाता है।

23. जरूरतें पूरी हो सकती हैं, लालच कदापि नहीं।

24. किसी कारोबार की 90 प्रतिशत वित्तीय चिंताएँ = 30 प्रतिशत लापरवाही + 30 प्रतिशत सुस्ती + 30 प्रतिशत अधिक खर्च।

25. अधिक खुशी पाने के लिए जीवन को सरल बनाएँ।

26. क्रिस्टल, कालीन तथा झाड़-फानूस से मकान सुंदर लगता है; लेकिन उस मकान में रहनेवाले लोगों के चेहरों पर मुसकराहट से वह मकान घर बनता है।

27. अपना मनपसंद या प्रिय कार्य अथवा नौकरी चुनें। आपको अपने जीवन में कभी कोई काम बोझ समझकर नहीं करना पड़ेगा।

28. यदि बीमारी से नहीं बचा जा सकता तो आराम से रहें और खुश रहें।

29. हम इसलिए नहीं मुसकराते, क्योंकि हम खुश हैं; बल्कि हम खुश हैं, इसलिए मुसकराते हैं।

30. आप अपनी पत्नी को समय दें, कीमती उपहार नहीं।

31. जीवन-साथी सावधानी से चुनें। इस एक निर्णय से आपको 60 प्रतिशत खुशियाँ मिलेंगी या फिर दु:ख मिलेंगे।

32. खुश रहने के दो तरीके हैं—या तो अपनी इच्छाओं को खत्म कर दें या अपनी आय के साधन बढ़ाएँ।

33. यदि हम अच्छा सोचते हैं तो खुश होंगे। यदि हम बुरा सोचते हैं, गलत सोचते हैं तो हम दु:खी होंगे। यदि हम दब्बू विचारों को पनपने देते हैं तो डरपोक बन जाएँगे।

□

7

प्राथमिकता
Priority

जब आप प्राथमिकता तय कर लेते हैं तो सफलता अवश्य मिलती है

— विचार 1 —

उस परम शक्ति ने प्रत्येक व्यक्ति को निश्चित व सीमित घंटे दिए हैं, जिनमें अपने लक्ष्य प्राप्त करने हैं, भौतिक तथा आध्यात्मिक दोनों। उसने हमें क्रम में घंटे दिए हैं। इन घंटों की न तो पुनरावृत्ति होती है, न ही इनकी भरपाई। उसने अमीर और गरीब, युवक और वृद्ध सभी को समान मात्रा में समय दिया है। इस जीवन में हमें जो भी सफलता मिली है, उसका स्रोत ईश्वर द्वारा दिया गया अमूल्य उपहार समय ही है।

— विचार 2 —

हम सभी के पास दिन के 24 घंटे हैं। फिर भी हमें मात्र 8 घंटों तक की पगार मिलती है। इसलिए हम 9 बजे से 5 बजे तक कार्य करते हैं। दोस्तो, इसे क्लर्क की मानसिकता कहा जाता है। अगर आप ऐसी मनोवृत्ति विकसित करना

चाहते हैं तो आपका स्वागत है; लेकिन इसके बाद अपने भाग्य को यह कहकर मत कोसना कि न तो हम सफल व्यक्ति हैं, न ही इस जीवन से खुश हैं।

— प्रेरक कहानी —

मोहन सिंह ओबराय एम.डब्ल्यू.ए. (व्यावहारिक प्रबंधन), न कि एम.बी.ए.

मेरी राय में, प्रेरणादायी सर्वश्रेष्ठ कहानी मोहन सिंह ओबराय की है, जो एम.डब्ल्यू.ए. (न कि एम.बी.ए.) थे, अर्थात् जीवन के व्यावहारिक क्षेत्रों के प्रबंधन में कुशल थे। संक्षेप में, उनका जन्म पाकिस्तान के छोटे से गाँव में हुआ था। लगभग सन् 1900 में, जब वे पाँच माह के थे, उनके पिता की मृत्यु हो गई। उनकी विधवा माँ ने कड़ी मेहनत करके उन्हें 10वीं कक्षा तक पढ़ाया। वह शिमला के सेसिल होटल में क्लर्क बन गए। उन्होंने समझ-बूझ से अपना कार्य किया; लेकिन वे एम.बी.ए. नहीं थे। उन्होंने 9 से 5 बजे की बजाय 5 बजे से 9 बजे तक कार्य करने का दृष्टिकोण अपनाया। वे सुबह 5 बजे ही नहीं उठते थे, बल्कि जब भी वे उठते, पहले एक मिनट तक प्रार्थना करते। वे सोच-विचार करते और ऐसा कार्य करते जिससे लागत-खर्च में कमी आए, बिक्री बढ़े तथा होटल को अधिक-से-अधिक मुनाफा मिले। इस दृष्टिकोण के बल पर वे 76 वर्ष की आयु में 36 होटलों के मालिक बन गए। यह किसी अमरीकी की कहानी नहीं है, बल्कि एक भारतीय की कहानी है; और यदि आप स्वयं उनसे प्रेरणा लेना चाहते हैं, आपके बच्चे प्रेरणा लेना चाहते हैं तथा आपके आस-पास के लोग प्रेरणा लेना चाहते हैं तो उनकी पुस्तक 'डेयर टू ड्रीम' पढ़ सकते हैं।

— विचार 3 —

समय प्रबंधन आपके द्वारा निर्धारित प्राथमिकताओं पर निर्भर करता है। हमारे मन में अनेक संकुचित मानसिक दायरे हैं, जैसे—नासिक में कुंभ मेला, अमरनाथ यात्रा, काँवड़िया, वैष्णो देवी आदि। इसके पीछे पाप धोने की संकल्पना

12
3
6
9

है। मेरे विचार में, हम कोई पाप नहीं करते तथा यदि करते हैं तो वे तीर्थयात्राओं से धुल नहीं सकते। यदि आप इस संकल्पना को दिमाग से हटा दें तो आपको बहुत लाभ पहुँचेगा। एक मिनट की प्रार्थना से भी आपको उतना ही आनंद, संतोष तथा सफलता मिलेगी।

— विचार 4 —

हममें से अनेक लोगों के पास पहल करने की शक्ति है। लेकिन हममें 'पहल' को 'अंतिम' रूप देने की ताकत नहीं होती। यही हमारी सबसे कमजोर कड़ी है। हम शीघ्रता से कोई भी काम बीच में छोड़ देते हैं। हम अनुवर्ती कार्रवाई की सूची नहीं बनाते; न जाँच- सूची, न कार्य-सूची, और इसलिए अंत में हमारी प्राथमिकताएँ गड्डमड्ड हो जाती हैं।

— प्रेरक कहानी —

चार्ल्स श्वाब'''सिक्सर प्रबंधन संकल्पना! सबसे पहले वाल्टर क्रिसलर तथा चार्ल्स श्वाब ने यू.एस.ए. में एक वर्ष में मिलियन डॉलर कमाए। एक बार श्वाब ने एडवाइजर से कहा कि दिन में और अधिक कार्य करने, कमाने के लिए अपना सुझाव दें। एडवाइजर ने उसके साथ एक सप्ताह बिताया। फिर निम्नलिखित सुझाव दिए—

''प्रत्येक सुबह लिखें कि आप दिन में कौन से 6 महत्त्वपूर्ण कार्य करना चाहते हैं। और पहले कार्य को सबसे पहले शुरू करें। फिर दूसरा, तीसरा। और यदि तीसरा कार्य करते हुए दिन समाप्त हो जाता है तो अगले दिन की सूची में शेष तीन कार्यों को जोड़ दें। एक माह तक ऐसा करें। यदि यह तरकीब कारगर रहती है, तभी मेरी रकम का भुगतान करें।''

श्वाब ने उसे 25,000 डॉलर भेज दिए।

महत्त्वपूर्ण बिंदु

1. महत्त्वपूर्ण कार्यों को अत्यावश्यक बनने से पहले समाप्त कर दें।
2. टालमटोल करने की भावना हमारा समय चुरा लेती है। अभी कार्य निपटाना सीखें।
3. महत्त्वपूर्ण कार्यों को टालने की आदत आपकी उपलब्धि तथा सफलता को लूट लेगी।
4. जब आप निराश हों, रुकें नहीं, कुछ करने लगें।
5. आपको आसान कार्य भी बड़ी चतुराई से करने हैं। यहाँ तक कि इसमें समय के कारगर प्रबंधन के लिए प्राथमिकता निर्धारित करना भी शामिल है।
6. अपने ऑफिस में सारी चीजें इस प्रकार से व्यवस्थित करें कि जब आपको किसी चीज की जरूरत पड़े तो आपको शीघ्र मिल जाए।
7. जाँच-सूची का स्वयं इस्तेमाल करें तथा इस बात पर जोर दें कि आपको रिपोर्ट करनेवाला प्रत्येक व्यक्ति भी इसका इस्तेमाल करे।
8. बार-बार आनेवाली रुकावटों, बाधाओं को हतोत्साहित करें। दूसरों के कार्य में बाधा न डालें, न ही दूसरों को अपने कार्य में रुकावट डालने दें।
9. 5 से 9 दृष्टिकोण विकसित करें तथा 9 से 5 बजे तक के दृष्टिकोण पर काबू पाएँ। जॉब सुरक्षा की जरूरत नहीं रहेगी।
10. यदि आप 10 मिनट जल्दी में हैं तो आप 5 मिनट लेट हो जाएँगे।
11. लोगों को बताएँ कि आप अपना वायदा पूरा क्यों नहीं कर पाए। पैसे के भुगतान की तरह समय का भी ध्यान रखें।

12. जल्दी निर्णय लें।

13. अपने परिवार के लिए अन्य टेलीफोन लगवाएँ।

14. समझदारी समय के साथ ही आती है।

15. नशा मत करें, मत करें, मत करें।

16. आप रोगी बनने से पहले ही धैर्यवान् बन जाएँ।

17. यदि आपको इन व्यवसायों में नहीं जाना है तो समाचार-पत्रों, टी.वी. सीरियल या क्रिकेट में अपना समय न गँवाएँ!

18. 'बी' तथा 'सी' वाली नौकरियों, कार्यों के संबंध में किसी से बहस न करें, सहमत हों; खासतौर पर अपनी पत्नी के मामले में। जो वह 'पहले' कहती है, वही करें। इसमें कुछ मिनट लगेंगे। सबसे पहले मक्खी-मच्छर मारो, ताकि आप पूरी शक्ति से 'ए' श्रेणी के कार्य कर सकें।

19. जल्दी से निर्णय लें। पुनः 'बी' और 'सी' श्रेणी के मामलों में तेजी से निर्णय लें। यदि ये निर्णय गलत होते हैं तो आप इन्हें बिना कुछ गँवाए ठीक कर सकते हैं। 'ए' श्रेणी के मामलों में सोच-समझकर निर्णय लें।

20. 80/20 सिद्धांत, अधिक उपलब्धि, कम मेहनत का रहस्य; अनुसंधान से पता चला है कि 20 प्रतिशत कार्य करने के अंत में 80 प्रतिशत परिणाम प्राप्त होंगे।

21. 'रोटी' का अर्थ लगाए गए समय पर 'प्रतिलाभ' है—अर्थात् 'रिटर्न ऑन टाइम इन्वेस्टिड'। सीरियल देखना या क्रिकेट बनाम आपका बॉस या परिवार—'रोटी' का नियम लागू करें।

□

४

परिवर्तन

Change

जब आप स्वयं को बदल लेते हैं, तब लोगों को भी बदल लेते हैं

— विचार 1 —

मेरे विचार में परिवर्तन की दृष्टि से यह सूत्र-वाक्य सर्वश्रेष्ठ है।

आप किसी को भी नहीं बदल सकते। आप अपने माँ-बाप को नहीं बदल सकते, अपनी पत्नी को नहीं बदल सकते। अपने भाई-बहन को नहीं बदल सकते। यहाँ तक कि अपने बॉस को भी नहीं बदल सकते। पहले स्वयं को बदलें।

मुझे यह सही लगा। और जब मैंने प्रत्येक व्यक्ति को बदलने की कोशिश की तो मुझे अधिकांशतः निराशा हाथ लगी। प्रत्येक निराशा तनावपूर्ण थी। तब अचानक, संभवतः मैं स्वयं को अधिक खुश रखने के बेहतर तरीकों पर विचार करता रहता था, इसलिए 15 अक्तूबर, 1986 को जब मैं 50 वर्ष का हो गया तब महसूस किया कि लोगों के साथ लड़ना-झगड़ना, तनावग्रस्त रहना—यह कोई जीने का तरीका नहीं है। मैंने महसूस किया कि कुछ मामलों में मेरा सिर

चकराने लगता था।

मैंने खुद को बदलने का निर्णय लिया। किसी को राजा ब्रूस बनने की जरूरत नहीं है, जो लगातार प्रयास करता रहा; बल्कि वह पीटर एफ. ड्रकर बन सकता है, जिसने एक या दो बार प्रयास करने का सुझाव दिया तथा यदि सफलता नहीं मिलती तो अन्य कार्य करना चाहिए। प्रत्येक सवाल को जीवन-मरण का प्रश्न बनाने में कोई तुक नहीं है। शतरंज के खेल की तरह राजा और रानी की बजाय प्यादे खोना बेहतर है।

— विचार 2 —

जब मैं इस पर विचार करता हूँ कि बॉस ऐसा व्यक्ति है, जिसे साम, दाम, दंड, भेद अर्थात् येन-केन-प्रकारेण कार्य करवाने ही हैं। यदि वह उत्तम बॉस है तो वह मीठे सहृदय शब्दों का इस्तेमाल करेगा। सामान्यत: बॉस अपने अलग अंदाज के कारण ही उत्तम होते हैं। जितना बड़ा बॉस, उतनी बड़ी चाँदी, सोने या रत्नजटित पिस्तौल! जब मैं इस 'गुप्त पिस्तौल' को देखता हूँ, तब मैं स्वयं को तदनुसार बदलकर तनाव कम कर लेता हूँ। यह संकल्पना किसी भी मानव-संबंध की स्थिति पर लागू होती है। ग्राहक हमेशा सही होता है, सरकारी अधिकारी हमेशा सही होता है, पत्नी हमेशा सही होती है आदि।

— विचार 3 —

जब मैं बदला, मेरी पत्नी बदल गई—मैं 25 वर्षों से अपनी पत्नी को बदलने की कोशिश करता आ रहा था। उम्मीद लगाकर बैठा था कि शायद आनेवाले कल को मैं अपनी पत्नी को बदल दूँगा। तब एक दिन मेरे लिए सौभाग्यशाली बनकर आया। मैं 25 मिनट तक शांति से सबकुछ सुनता रहा तथा विचार करता रहा और निर्णय लिया कि मुझे स्वयं को बदलना है।

मैंने महसूस किया कि मैं दुनिया को नहीं बदल सकता। मैं अपने बॉस, अपने बेटे, अपनी बेटियों, अपने सहयोगियों, डीलर्स, मित्रों को नहीं बदल सकता। इसलिए मैंने स्वयं को बदलने का निर्णय लिया। मुझे जो चाहिए था,

वह सब मिला।

संयोगवश, अपनी पत्नी को अपना बॉस समझने लगा। इस प्रकार से घर और बाहर, कार्य करते समय, पहले वही काम करता, जो मुझे बताया जाता। अब प्रत्येक व्यक्ति खुश है और मैं तनावमुक्त।

महत्त्वपूर्ण बिंदु

1. कोई भी व्यक्ति सर्वगुण-संपन्न नहीं होता। 8/10 का अनुपात होगा।

2. इस तरह से तैयार हों, मानो आप स्वयं का आदर कर रहे हैं।

3. इससे पहले कि ग्राहक आपके प्रति अपनी विचारधारा बदल ले, स्वयं को बदलें।

4. खुद को बदलने की ताकत को कम न आँकें, न ही दूसरों को बदलने के लिए अपनी ताकत को अधिक आँकें।

5. स्वयं की स्वयं से तुलना करें। इसे बेंच मार्किंग से न मिलाएँ। क्या आप स्वयं की तुलना में बेहतर ढंग से कार्य कर रहे हैं—गुजरे कल से, गुजरे माह से, गुजरे वर्ष से तथा गुजरे दशक से तुलना करें। उदाहरण के लिए, मैंने कभी भी किसी अन्य से अपनी तुलना नहीं की। वर्ष 1996 से अब तक लगभग 600 सेमिनार कर चुका हूँ। मैं 1996 में एस्कॉर्ट से रिटायर हो गया था। 1963 से 1996 तक एस्कॉर्ट में 400 सेमिनार किए। अब, जब मैं अपना अगला सेमिनार करूँगा, तब मेरा लक्ष्य पिछले सेमिनार की तुलना में बेहतर ढंग से सेमिनार आयोजित करना होगा।

6. 'संपूर्ण व्यक्ति' वही है, जो स्वयं से स्पर्धा करता है।

7. आपका बॉस आपका परम मित्र है। उसमें 10 में से 10 गुण नहीं हो सकते। लेकिन जब आप अपनी विचारधारा में परिवर्तन लाते हैं, तब इससे आपको मदद मिलेगी। उसके गुणों पर ध्यान दें तथा अपने गुणों से उसकी कमियों की पूर्ति करें। वह सफल होगा और किसी दिन आप सुखी होंगे तथा सफल भी। स्वत: उद्दीप्त उत्साह से आपका जीवन रोमांच भरा हो जाएगा। यह मैं आपको अपने अनुभव एवं प्रभाव क्षेत्र से बता रहा हूँ।

8. जब आप यह कहते हैं कि आपका स्टाफ अच्छा नहीं है, तो आप स्वयं को चोट पहुँचा रहे हैं। आपको उनसे काम लेना है, उन्हें अभिप्रेरित करने के लिए स्वयं प्रेरित होना है। आगे चलकर यह प्रयास सार्थक होगा।

9. अपने बॉस को अपनी माँ जैसा समझने की गलती न करें। बॉस आपको तब तक कुछ नहीं देगा, जब तक आप में योग्यता न हो।

10. यदि आप अपना मार्ग बदलना चाहते हैं तो पहले उसके अनुसार अपनी सोच बदलें।

11. हम हवा का रुख नहीं मोड़ सकते, बल्कि हमें उसके साथ अपनी नौका या जहाज को चलाना है।

12. आप बिलकुल 'सपाट' रूप में खाली दिमाग करके काम पर जाएँ और फिर सोचना शुरू करें। 9 से 5 बजे तक कर्मचारी के बदले उद्यमी की मनोवृत्ति विकसित करें।

□

९

सृजनशीलता और नवीनीकरण
Creativity & Innovation

सरल तरीके से कुछ हटकर करना

— विचार 1 —

नवोन्मेष : विचार शक्ति के लिए संकल्पना शक्ति की आवश्यकता होती है—इससे ऐसे अनेक विचार उत्पन्न होते हैं, जिससे अंततः अनेक समस्याओं के कुछ वैकल्पिक समाधान निकलेंगे। इनमें से सर्वश्रेष्ठ विकल्प चुना जा सकता है।

यहाँ समस्या का उल्लेख किया गया है। क्या आप चार बिंदुओं को पेन उठाए बिना चार लाइनों से जोड़ सकते हैं?

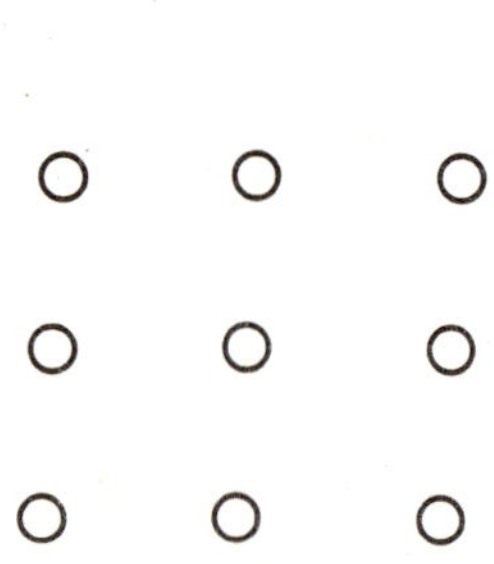

सोचें—क्या आप ऐसा कर सकते हैं, तो बहुत-बहुत बधाई। आप बहुसंख्यक लोगों से भिन्न हैं, जो ऐसा नहीं कर सकते; क्योंकि इनकी आम प्रवृत्ति रहती है कि वे इन बिंदुओं की काल्पनिक सीमाओं के भीतर

ही रहते हैं। हममें से जो लोग पारंपरिक तरीकों से कार्य करने के आदी हैं, वे नौकरी की परिस्थितियों के भीतर भी सीमित दायरे में सोचते हैं तथा साधारण प्रबंधक बनकर रह जाते हैं।

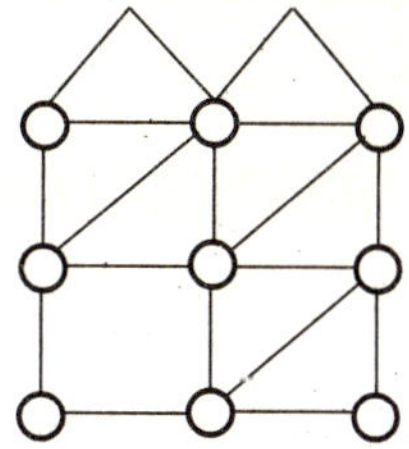

आप यह कार्य इस प्रकार से कर सकते हैं—

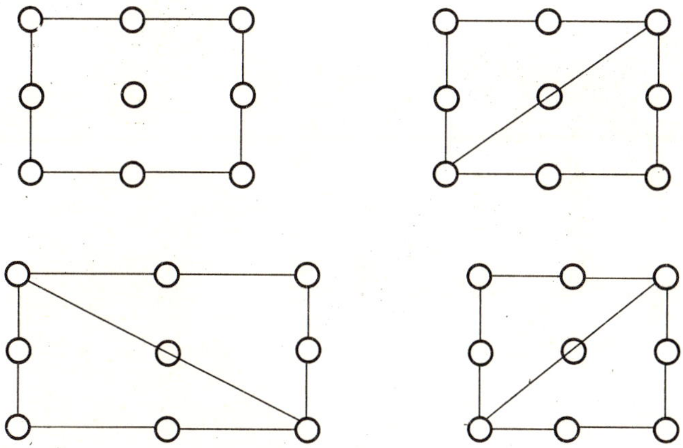

यदि आप बिंदुओं के बाहरी स्थान के बारे में सोच सकते हैं तो आपके पास भी जवाब होगा।

इसी प्रकार से, वही लोग महान् सफलता हासिल कर सकते हैं, जिनकी विचार- शक्ति सीमित साँचे में आबद्ध नहीं है।

— प्रेरक कहानी —

सावित्री और सत्यवान्''समय लगाकर इस बारे में सोचें! राजकुमारी सावित्री ने गरीब राजकुमार सत्यवान् से विवाह करने का फैसला लिया, जबकि वह भली-भाँति जानती थी कि एक वर्ष बाद सत्यवान् की मृत्यु हो जाएगी। उनके पिता इस विवाह के लिए तैयार नहीं थे।

अब सावित्री के पास यह सोचने के लिए एक वर्ष था। जब यमदूत सत्यवान् को लेने आएँगे तब वह उनसे क्या पूछेगी तथा क्या करेगी?

एक दिन यमदूत आ पहुँचे तथा सत्यवान् को ले जाने लगे और सावित्री सारे रास्ते उनके पीछे दौड़ने लगी! यमदूत ने सावित्री को बीस बार लौट जाने के लिए कहा। लेकिन सावित्री अपनी बात पर अडिग रही तथा दृढ़ निश्चय हो यमदूत के पीछे चलती रही।

अंततः यमदूत रुक गए और बड़े धैर्य से पूछा कि वह भली-भाँति जानती है कि यमदूत सत्यवान् को नहीं लौटा सकते, फिर भी वह उसका पीछा क्यों कर रही है?

धीरे से सावित्री ने जवाब दिया, "यमदूतजी, मैं आपसे मित्रता करना चाहती हूँ!"

यमदूत भौंचक्के रह गए। वे समझ नहीं पा रहे थे कि वे क्या कहें; क्योंकि आज तक कभी किसी ने यह नहीं कहा था कि वह यमदूत का/की मित्र बनना चाहता है/चाहती है।

यमदूत ने कहा, "मैं प्रसन्न हुआ! कोई एक वरदान माँगो, मैं तुम्हें अवश्य दूँगा, सिर्फ सत्यवान् के प्राण छोड़कर।"

पुनः सावित्री ने पूरी तैयारी कर रखी थी। वह पूरा वर्ष सोचती रही थी। उसने शांत स्वर में जवाब दिया, "कृपया मुझे यह वरदान दें कि मेरे सास-ससुर अपने पोते-पोतियों को सोने की थाली में खाते देखें!"

यमदूत ने कहा, "तथास्तु!"

यमदूत आगे बढ़ गया। अब भी सावित्री उसके पीछे आ रही थी। यमदूत ने कहा, "अब और क्या चाहती हो?"

सावित्री—"यमदूतजी, मेरे सास-ससुर नेत्रहीन हैं।"

यमदूत—"उन्हें नेत्र-दृष्टि दी!"

सावित्री अब भी उसके पीछे चली आ रही थी। यमदूत—"अब?"

सावित्री—"वे बहुत गरीब हैं।"

यमदूत—"अब लौट जाओ, वे किसी राज्य के अब राजा और रानी

हैं।''

सावित्री अब भी पीछे-पीछे चली आ रही थी। यमदूत ने चिल्लाते हुए कहा, ''अब और क्या चाहिए?''

सावित्री—''यमदूतजी, मेरे सास-ससुर के एक ही पुत्र है। ऐसे में उनके पोते-पोती कैसे होंगे?''

यमदूत ने मुसकराते हुए कहा, ''सावित्री, अब लौट जाओ, तुम जीत गईं!''

मित्रो, अपने खाली समय में सोच-विचार करो, प्रश्न करो, जवाब निकालो। इसके लिए जरूरी नहीं है कि आप एम.बी.ए. हों या इंजीनियर। केवल रचनात्मक एवं नवोन्मेष की प्रवृत्ति जगाएँ।

— विचार 2 —

महाभारत में दुर्योधन चाल चलने के लिए सोचता था—वह भी कारगर तरीके से; जुए में उसने पासा नहीं फेंका, बल्कि अपने मामा शकुनि को आगे किया। युधिष्ठिर को जुआ खेलने की जल्दी थी, क्योंकि उसकी सबसे बड़ी कमजोरी जुआ थी। वह भी आसानी से पांडवों की ओर से जुआ खेलने के लिए कृष्ण को नामित कर सकते थे। कभी भी जल्दबाजी में कोई काम न करें। तभी आप सरल, रचनात्मक और तरीके से अपने प्रतिद्वंद्वी की बराबरी करने के लिए सोच पाएँगे।

— विचार 3 —

'रामायण' और 'महाभारत' महाकाव्य हैं, जिनमें मानव तथा पारिवारिक संबंधों को निभाने, बनाए रखने के नए-नए तरीके बताए गए हैं।

मैं आपको यह सुझाव या सलाह नहीं दे रहा कि आप महाकाव्यों को स्वीकार न करें। आपको महाकाव्यों से शिक्षा ग्रहण करनी चाहिए। तभी ये महाकाव्य हमारी मानसिक फ्लॉपी का हिस्सा बनेंगे। मैं 5 वर्ष का था, जब मैं दरी पर बैठकर रामलीला देखता था तथा उन दिनों इंटरवल के समय राम, लक्ष्मण, हनुमानजी,

सीताजी स्टेज से नीचे आकर आम जनता/दर्शकगण के बीच जाकर बैठ जाते थे और फिर बीड़ी पीते थे। यहाँ तक कि सीताजी भी! क्योंकि उस समय (1941 में) कोई भी महिला स्टेज पर सीता की भूमिका नहीं निभाती थी।

एम.बी.ए. के बाद मुझे 'रामायण' और 'महाभारत' लघु एम.बी.ए. लगे। इसी प्रकार से, हम अपने माता-पिता से अच्छी और बुरी आदतें सीख सकते हैं। किसी भी तरह से उनका आदर कम नहीं होता। मेरे पिताजी हमेशा चिंतित रहते थे और मेरी माँ हमेशा संतोषी रहीं।

— प्रेरक कहानी —

महाभारत से सृजनात्मकता तथा नवोन्मेष की प्रेरणा लें—भारत के किसी सुदूर गाँव में मास्टरजी कक्षा में महाभारत पढ़ा रहे थे। उस समय 'कृष्ण-जन्म' भाग चल रहा था।

मास्टरजी—"इस तरह कंस ने आकाशवाणी सुनी कि उसकी बहन की आठवीं संतान उसकी मृत्यु का कारण बनेगी। वह गुस्से में आ गया। उसने वसुदेव और देवकी को कारागार में डालने का आदेश दे दिया। जब देवकी के यहाँ पहली संतान ने जन्म लिया, कंस ने उसे विष देकर मार डाला। जब दूसरा बच्चा पैदा हुआ, कंस ने उसे पहाड़ की चोटी से नीचे फेंक दिया। तीसरा बच्चा पैदा हुआ…"।

अब सबसे होशियार बच्चे रामू ने हाथ खड़े कर दिए।

मास्टरजी (कुछ घबरा गए)—"रामू बेटे, पूरे भारत को महाभारत के बारे में संदेह नहीं है। ऐसे में तुम्हें इस बारे में क्यों शक हो रहा है?"

रामू—"मास्टरजी, यदि कंस जानता था कि वसुदेव और देवकी की आठवीं संतान उसे मार देगी तो उसने वसुदेव और देवकी को एक ही कोठरी में क्यों रखा?"

— प्रेरक कहानी —

अमेरिकन किसान ने जापानी को सारी गायें बेच दीं—धीमी गति से कार्य करनेवाले 'सुस्त' जापानी लोगों के बारे में स्कोप (SCOPE) के महासचिव

श्री एम.ए. हकीम ने रोचक कहानी सुनाई थी। वह कहानी यहाँ पर प्रस्तुत है—

गाय खरीदने के लिए छह सदस्यों का एक जापानी शिष्टमंडल टेक्सास गया। अमेरिकी किसान ने गायें दिखाईं तथा बताया कि वह उनके साथ बहुत बढ़िया सौदा करना चाहता है। इस प्रस्ताव में कहा गया कि यदि जापानी गाय चुनकर खरीदते हैं तो प्रत्येक गाय का मूल्य 100 डॉलर है और यदि अमेरिकी गाय चुनकर खरीदता है तो इसका मूल्य 90 डॉलर होगा। अमेरिकी जल्दी से फैसला सुनना चाहता था। उसी तरह से जैसे भारतीय और अमेरिकावासी तत्क्षण फैसला ले लेते हैं। लेकिन जापानवासियों की धारणा है कि धीमी गति से लगातार कार्य करनेवाला ही विजय प्राप्त करता है। उन्होंने माफी माँगी और एक घंटे के लिए मीटिंग रूम में चले गए। अमेरिकावासी जानने के लिए उत्सुक था और साथ ही जापानी लोगों को धीमी गति के विचारक होने के लिए कोस रहा था।

अंतत: जब जापानवासी बाहर आए तो अमेरिकी किसान ने चिंतित स्वर में उनका फैसला जानना चाहा। जापानी शिष्टमंडल के नेता ने शांति से, धीमे स्वर में तथा टूटी-फूटी अंग्रेजी में कहा, ''मि. बिल, हम चाहते हैं कि हमारे लिए आप ही गाय चुनें।''

अमेरिकी किसान—''कितनी ?''

जापानी—''सारी।''

सुस्त जापानवासियों ने सौदा कर लिया तथा चतुर अमेरिकी किसान ने सारी गायें थोड़ा सा नुकसान उठाकर बेच दीं।

— प्रेरक कहानी —

शेर और खरगोश...बेहतर सोच से समस्या का समाधान हो जाता है।

पशुओं ने यह फैसला लिया था कि प्रतिदिन उनमें से एक पशु शेर की गुफा में जाएगा, तब शेर उसे खाकर पेट भर सकता है और उसे हाथ-पैर भी नहीं हिलाने पड़ेंगे। यह सब तब तक ठीक-ठाक चलता रहा, जब तक खरगोश की बारी नहीं आई। उसने अलग तरीके से सोचना शुरू कर दिया। उसे एक

तरकीब सूझी तथा वह कामयाब हो गया! वह जान-बूझकर देर से पहुँचा। शेर बहुत क्रोधित था। उसने समझौता रद्द करने की धमकी दी। खरगोश ने उसे बताया कि उसे इसलिए देर हो गई, क्योंकि उसे रास्ते में एक और शेर मिल गया था और इसलिए उसे सड़क के लंबे रास्ते से घूमकर आना पड़ा।

अब शेर बार-बार आग्रह करने लगा तथा जोर देने लगा कि खरगोश उसे उस नए शेर के पास ले जाए। जैसा शेर ने कहा था, खरगोश ने वैसा ही किया। बड़ी चतुराई से, अपनी योजना के अनुसार वह कुएँ के पास आ गया। जब शेर ने कुएँ में झाँका, उसने कुएँ में अपनी परछाईं देखी। उसने उतावली में प्रतिक्रिया की तथा जोर से दहाड़ता हुआ कुएँ में कूद गया। वह डूब गया।

जब तक खरगोश ने पशुओं को कुएँ के पास लाकर दिखाया नहीं, तब तक उन्होंने उसकी बात पर यकीन नहीं किया।

हमारे गुरुमंत्र की तरह अपने ही पाठ से आप बहुत कुछ सीख सकते हैं। इस गुरु मंत्र में कहा गया है—"गाय दूध नहीं देती, दूध निकाला जाता है।"

इसी प्रकार से हमारे पास डाक टिकटें हैं, जिनमें बंदर और मगरमच्छ की कहानी दी गई है।

□

10

अनुशासन
Discipline

धीरे-धीरे अच्छी आदतें डालने का अभ्यास ही 'अनुशासन' है

- यदि आप 40 दिन तक कोई अच्छा या बुरा कार्य करते हैं तो यह आपकी अच्छी या बुरी आदत बन जाएगी।
- हमारे अनुभव, हमारा पर्यावरण/परिवेश तथा प्रभाव ही विचारों का रूप ग्रहण करते हैं। हमारे विचार ही शब्दों में व्यक्त होते हैं। हमारे शब्द हमारा दृष्टिकोण बन जाते हैं। हमारे दृष्टिकोण हमारी आदत बन जाते हैं।
- आदत क्या है? जो कार्य आप बार-बार करते हैं, वही आपकी आदत बन जाती है। आदत अच्छी हो सकती है और बहुत बुरी भी हो सकती है।
- यहाँ अच्छी आदतों की सूची दी गई है, जिसकी मदद से आप आगे चलकर बहुत, बहुत, बहुत खुश हो सकते हैं।

अत्यंत प्रभावशाली लोगों की सात आदतें

लेखक—स्टीफन आर. कवे

— आदत 1 —

चुनौती का सामना करें : यह व्यक्तिगत दृष्टिकोण है, अर्थात् अपनी सोच तथा कार्यों के लिए स्वयं उत्तरदायी हों, उत्तरदायित्व स्वीकार करें। पहल करें तथा कार्य करने की जिम्मेदारी उठाएँ।

— आदत 2 —

लक्ष्य की ओर ध्यान केंद्रित करते हुए कार्य का आरंभ करें : यह नेतृत्व शक्ति का गुण है। अपनी स्पष्ट मंजिल व लक्ष्य तय करें, ताकि यह समझ सकें कि अब आप कहाँ हैं, आप कहाँ जा रहे हैं तथा आपकी दृष्टि में सबसे ज्यादा क्या महत्त्वपूर्ण है?

— आदत 3 —

जो कार्य पहले करने हैं, उन्हें प्रथम स्थान पर रखें—यह वैयक्तिक प्रबंधन है। इसमें समय और घटनाओं की व्यवस्था तथा प्रबंधन शामिल है। अपनी प्राथमिकताओं पर केंद्रित होकर कार्य करें।

— आदत 2 —

'तुम्हारी भी जय-जय, हमारी भी जय-जय; न तुम हारे, न हम हारे'' : यह अंत वैयक्तिक नेतृत्व शक्ति की आदत या गुण है। यह आपस में एक-दूसरे का भला चाहने, भला करने की सोच है। यह सोच तब तक सभी विकल्पों की खोज करने के प्रति वचन-बद्धता से ही प्रारंभ हो जाती है, जब तक परस्पर संतोषजनक समाधान नहीं निकलता या जब तक कोई समझौता नहीं हो पाता।

— आदत 5 —

इससे पहले कि लोग तुम्हें समझें, पहले तुम खुद को समझो : यह

परानुभूति की आदत है। समझना या बोध शक्ति दूसरों की बात सुनने के कौशल विकसित करती है, जिससे उदारता एवं विश्वास उत्प्रेरित होता है।

— आदत 6 —

सहयोग की भावना : यह रचनात्मक सहयोग या टीम भावना की आदत है। परस्पर सम्मान की भावना से विभिन्न परिप्रेक्ष्यों को निकट लाते हुए विशिष्टताओं, विभिन्नताओं को महत्त्व देने के परिणामस्वरूप यह आदत विकसित होती है।

— आदत 7 —

आरी की धार तेज करना : यह आत्म-उत्कर्ष की आदत है। अपनी सर्वाधिक बहुमूल्य संपत्ति 'स्व' का संरक्षण तथा संवर्धन है। इससे शारीरिक, आध्यात्मिक, मानसिक और सामाजिक/भावनात्मक आयामों में सुधार लाया जाता है।

कुछ और अच्छी आदतें

— आदत 1 —

सहमति या असहमति की आदत—हर मुद्दे पर बवाल खड़ा न करें। सिर्फ सहमति जाहिर करें। फिर भी, महत्त्वपूर्ण मुद्दों पर चर्चा करें तथा पता लगाएँ कि किन मसलों पर क्या मतभेद है? यहीं पर सूझ-बूझ तथा बुद्धिमत्ता सहायक होती है।

— आदत 2 —

बदलने की आदत—मेरे अनुभव तथा सोच से कुछ सीखें। दूसरे को बदलने की कोशिश न करें। लोगों को बदलने में अपना समय और ऊर्जा बरबाद न करें। बेहतर है, खुद को बदलें।

— आदत 3 —

स्वयं की स्वयं से तुलना करने की आदत—स्वयं की लोगों से कदापि तुलना न करें। स्वयं की स्वयं से तुलना करना सीखें। आप अधिक सुखी और संतुष्ट हो जाएँगे। यह दृश्य याद रखें—'उसकी साड़ी मेरी साड़ी से सफेद...क्यों?'

— आदत 4 —

समझौता करने की आदत—यदि श्रीराम और लक्ष्मण रावण से मिल लेते तो रक्तपात से बच सकते थे। दें तथा लें और फिर दें। (अध्याय 17 देखें)

— आदत 5 —

महत्त्वपूर्ण बनाम तत्काल—समस्याओं से संघर्ष करें तथा अवसरों का लाभ उठाएँ। समझ-बूझ या बोध क्षमता समय के साथ-साथ आती है। अपनी प्राथमिकता सूची बनाएँ। 20-80 का नियम लागू करें। जब चिंगारी भड़कती है तो उसे बुझाने के लिए एक गिलास पानी ही काफी है; लेकिन उसके थोड़ी देर बाद आग बुझाने के लिए सौ गाड़ियाँ भी कारगर नहीं हो पातीं।

— आदत 6 —

लोग क्या कहेंगे...धोबी से सीखें—'रामायण' में श्रीराम ने लोगों की राय जाननी चाही तथा धोबी से यह जानकारी मिली कि यदि उसकी (धोबी की) पत्नी घर से बाहर रहती है तो वह उसका परित्याग कर सकता है। लोग क्या कहेंगे, आलोचक क्या कहेंगे? मैंने श्रीराम से यह सीखा कि लोगों की चिंता मत करो। कलियुग—मेरे विचार में शायद तब भी था। द्रौपदी, सीताजी के समय में भी था। युधिष्ठिर अपनी पत्नी और भाइयों की संपत्ति को दाँव पर लगा देते हैं! या द्रोणाचार्य एकलव्य से अँगूठा माँग लेते हैं। आजकल का समय 'रामराज' है।

राम ने कैकेयी को क्षमा कर दिया...क्योंकि श्रीराम में कहीं लालच था। क्षमा करें और भूल जाएँ। हमारा मस्तिष्क कोई बात भूल सकता है या याद

रख सकता है। खुश रहने के लिए ऐसे विचार सँजोकर रखें, जिनसे आपको खुशी मिलती है तथा उन विचारों को त्याग दें, जिससे आपका मन दुःखी होता है। श्रीराम ने कैकेयी को क्षमा कर दिया था; क्योंकि उन्होंने यह महसूस किया था कि राजतिलक स्वीकार करने में कहीं उनका लालच छिपा था, जबकि उन्हें दशरथजी से अनुरोध करना चाहिए था कि जब तक उनके भाई लौट नहीं आते, तब तक प्रतीक्षा की जाए, ताकि वे भी समारोह में उपस्थित हो सकें। एक छोटे से लालच के कारण 'रामायण' की रचना हुई। क्षमा कर दें और खुश रहें।

— आदत 7 —

ईमानदारी की आदत—जीवन सरल नहीं है। मैं दोहराता हूँ, जीवन सरल नहीं है। बहुत बार हम आश्चर्य करते हैं कि क्यों बुरे लोगों के साथ अच्छी घटनाएँ होती हैं और अच्छे लोगों के साथ बुरी! खैर, यही जीवन है। हाँ, प्रसन्न रहने के लिए इतना तो कर ही सकते हैं कि हम स्वयं और औरों के प्रति ईमानदार रहें। यह हमें शक्ति और आंतरिक प्रसन्नता देगा। यह जीवन भर के लिए अपनानेवाला सूत्र है, और यह हमेशा शांति प्रदान करेगा।

— आदत 8 —

अपनी आकांक्षाओं पर नियंत्रण रखने की आदत : सबसे ज्यादा गहरी चोटें आपके अपने ही पहुँचाते हैं या पति/पत्नी, बच्चे, माँ-बाप आदि से हमें सबसे ज्यादा चोट पहुँचती है। मान लो, आपके तीन बेटे हैं और आप धनी व्यक्ति हैं, तो आपकी समस्याएँ मि. वाजपेयी से ज्यादा होंगी। मैंने अपनी जिंदगी में यही सीखा है—यदि हालात हमारे नियंत्रण से बाहर हो जाते हैं तो आकांक्षाओं, आशाओं को कम कर दें। आप और अधिक सुखी हो सकते हो। यह मत भूलें—आपकी इजाजत के बिना आपको कोई दुःख नहीं पहुँचा सकता।

— आदत 9 —

वचन निभाने की आदत—'पापा, प्लीज, आज आप हमारे साथ डिनर

करें!' इनके दिल मत तोड़ें! प्लीज, अपनों तथा अपने ग्राहकों के साथ प्रतिदिन किए जानेवाले वायदे हमेशा निभाएँ। कार्य करते समय अपने वायदे को याद रखें।

— आदत 10 —

परोपकार का आनंद लेने के लिए लोगों की मदद करना—यदि आप जीवन का अनुभव लेना चाहते हैं तो अभी से ही लोगों की मदद करना आरंभ कर दें। कहीं से भी शुरुआत की जा सकती है। इसका मन के किसी कोने में हिसाब लगाकर न रखें।

— आदत 11 —

लकड़हारा और जलदेवता""ईमानदारी की आदत डालें—ईमानदारी तथा थोड़ी सी सूझ-बूझ का अंततः सुपरिणाम निकलता है। हममें से अनेक ईमानदार हो सकते हैं, लेकिन 'चतुर' बन जाते हैं तथा स्वयं के लिए समस्याएँ खड़ी कर लेते हैं। एक ईमानदार लकड़हारा था। लकड़ी काटते समय उसकी कुल्हाड़ी नदी में गिर गई। वह किनारे पर खड़ा होकर रो रहा था। अंततः जलदेवता प्रकट हुए और उसकी मदद करने के लिए राजी हो गए। उन्होंने नदी में डुबकी लगाई और सोने की कुल्हाड़ी लेकर आए। लकड़हारे ने उसे लेने से मना कर दिया। अगली बार वे चाँदी की कुल्हाड़ी लेकर आए। उसने पुनः उसे लेने से मना कर दिया। तीसरी बार जलदेवता लकड़ी की कुल्हाड़ी लेकर आए। लकड़हारे ने अपनी कुल्हाड़ी पहचान ली और उसे स्वीकार कर लिया। जलदेवता ने आग्रह किया कि लकड़कारा तीनों कुल्हाड़ियाँ रख ले। उसकी पत्नी बहुत खुश हुई। अगले दिन उसने जलदेवता के दर्शन करने का आग्रह किया। जैसे ही वह झुकी, वह नदी में गिर गई। लकड़हारा फिर चिल्लाने लगा तथा जलदेवता उसकी मदद के लिए राजी हो गए। वे पहले एक अप्सरा को लेकर आए और लकड़हारे से पूछा कि क्या यही उसकी पत्नी है? लकड़हारे ने कहा—'हाँ'। आश्चर्यचकित होकर जलदेवता ने कहा, "आज तुमने ईमानदारी क्यों नहीं दिखाई?" लकड़हारे ने जवाब दिया, "देवताजी, यदि मैं 'न' कह देता तो आप दूसरी अप्सरा को ले

आते। और यदि मैं फिर 'न' कह देता तो आप मेरी पत्नी को लेकर आते। यदि मैं 'हाँ' कह देता तो आप कहते—तीनों को लेकर जाओ…!"

— आदत 12 —

मानसिक बाधाएँ हटाने की आदत—सीताजी ने लक्ष्मण-रेखा क्यों पार की? क्योंकि उनकी माँ ने उनकी सोच को इस संकीर्ण दायरे में बाँध दिया था कि साधु को अपने द्वार से खाली हाथ नहीं लौटाना चाहिए। सीताजी ने इसी सोच के अनुसार प्रतिक्रिया की। वास्तविक जीवन में तब ऐसा ही होता है, जब हम कोई काम करने से पहले सोचते नहीं। जब हम सोच-समझकर कार्य नहीं करते तथा मात्र प्रतिक्रिया करते हैं, तब हमें कष्ट सहने पड़ते हैं। बीरबल को याद रखें, वह हमेशा अकबर को सोच-समझकर जवाब देते थे।

— आदत 13 —

प्रतिमाह बचत करने की आदत डालें। थोड़ी सी नकद राशि तनाव को खत्म करती है—10 प्रतिशत प्रतिमाह बचाएँ। अपना सुरक्षित नेटवर्क बनाएँ। इस बात का कोई फर्क नहीं पड़ता कि आपका वेतन 9,000 रुपए है, 19,000 रुपए है या 90,000 रुपए। अपनी 'दिव्य-दृष्टि' का इस्तेमाल करें।

— आदत 14 —

'न' कहने की और 'न' सुनने की आदत डालें—जब उन लोगों के मन में आपके प्रति सकारात्मक रवैया है, जिनके साथ आप कार्य करते हैं, केवल तभी आप ऐसा कर सकते हैं। है न आसान!

— आदत 15 —

शुरुआत करने की आदत—दोस्तो, जब भी कोई समस्या उत्पन्न हो या अवसर, आप इस दिशा में कुछ-न-कुछ कार्य करना शुरू कर दें। ब्रिटिश लोगों ने हमें सिखाया है—"गोल छेद में चौरस कील नहीं आ सकती और न ही चौरस

छेद में गोल कील।'' लेकिन अमेरिकन तथा कनाडियन ने ऐसा करना शुरू कर दिया है कि गोल कील चौरस छेद में जा सकती है। बुद्धिमान चीनवासी कहते हैं— '1,000 मील लंबी यात्रा एक कदम चलने पर ही शुरू हो जाती है'। शुरू करें।

— आदत 16 —

संकीर्ण दायरों से बाहर सोचने की आदत—'संकीर्ण दायरों से बाहर सोचने' की विचारधारा का हिस्सा 'जरा हटके' मानसिकता है। जब हम बढ़ रहे होते हैं, उस समय हमारे माँ-बाप और शिक्षक लगभग 1,50,000 बार 'न' कहते हैं। जीवन अंत तक सीखते रहने तथा कुछ भूलते जाने की प्रक्रिया है। केवल हम मनुष्य ही सर्जनात्मक ढंग से तथा नए रूप में विचार कर सकते हैं।

— आदत 17 —

दिल से क्षमा माँगने (सॉरी कहने) की आदत—'महाभारत' की द्रौपदी को याद करें। एक बार क्षमा माँग लेती तो उसे इतना अपमान न झेलना पड़ता! याद रखें : क्षमा माँगने से आपके जीवन में सैकड़ों खुशियों भरे लमहे आ सकते हैं।

— आदत 18 —

आज मैं आपकी क्या मदद कर सकता हूँ—अगले 30 दिनों तक आजमाएँ! अपनी पत्नी से रोज पूछें, ''आज मैं तुम्हारी क्या मदद कर सकता हूँ?'' अपने हाथ में पेंसिल और पैड रखें। अपनी आँखों, दिमाग और हृदय की सच्ची भावना के साथ ऐसा पूछें। वह चकरा भी सकती है। बुरा मत मानें, पूछते रहें। मैं ऐसा करता हूँ। अपने बॉस, अपने बेटे-बेटियों तथा पोते-पोतियों के साथ भी ऐसा करता हूँ। ग्राहकों के साथ, स्टाफ के साथ, सबके साथ भी ऐसा ही करता हूँ।

— आदत 19 —

कछुएवाली आदत—बुद्धिमान अमेरिकी कहते हैं, 'जब तक मंजिल

तक पहुँच नहीं जाते, तब तक हमारा प्रयास समाप्त नहीं होता'। इसलिए, जब आप अच्छी आदतों के साथ धीरे-धीरे अनुशासन में रहकर कार्य करते हैं, तभी आपको सफलता और खुशी मिलती है। यह मत भूलें—आपको 90+10 वर्षों तक जीना है। इसलिए जल्दी क्या है ? जीवन-यात्रा का आनंद उठाएँ!

— आदत 20 —

मन-वचन से 'धन्यवाद' करने की आदत—प्रत्येक व्यक्ति के जीवन में ऐसे लोग आते हैं, जो उसकी मदद करते हैं तथा उनके योगदान से वह वर्तमान मुकाम पर पहुँचा है। हममें से कुछ लोग मददगारों को भूल जाते हैं तथा हम स्वयं से नाखुश रहते हैं। अपने ऊपर मेहरबानी करें और बार-बार उन लोगों को याद करें, जिन्होंने आड़े वक्त में आपकी मदद की। मन, वचन, कर्म से हम 'धन्यवाद' कहकर आभार व्यक्त कर सकते हैं। शब्दों से 10 प्रतिशत, आँखों से 20 प्रतिशत, मन से 30 प्रतिशत तथा दिमाग से 40 प्रतिशत आभार व्यक्त करें। कई बार हम यूँ ही 'धन्यवाद' कह देते हैं। 'धन्यवाद' के प्रति उदार बनें। आप अधिक सुखी होंगे। आप यह मत सोचें कि आपके संबंध हमेशा एक समान ही रहेंगे।

— आदत 21 —

ईमानदारी तथा उदारता से अपनी राय के बारे में जानने की आदत डालें। तब 100 प्रतिशत सुनें। हो सकता है, आपको बहुत कुछ बेकार सुनना पड़े। लेकिन कहीं-न-कहीं हमेशा एक औंस सोना अवश्य छिपा रहता है।

— आदत 22 —

'मेरी मदद करें' कहने की आदत—मेरे मामले में—यह वाक्य मेरा 'तकिया कलाम' है। पैसा माँगना बहुत बुरी आदत है। लेकिन यदि आपको वास्तव में मदद की जरूरत है तो मदद माँगना अच्छी आदत है। अपने आपको सुधारें!

□

11

सुनना
Listening

सुनने से अधिक बुद्धिमान बनते हैं तथा परिणामों के प्रति समग्र होते हैं

— विचार 1 —

ऐश्वर्य राय 'मिस वर्ल्ड' बन गईं। कोई भी व्यवस्था ठीक उसी तरह से सक्रिय होती है, जिस तरह से मैंने अपने प्रयोजनों को समझा है! अर्थात् इस प्रतियोगिता में 50,000 लड़कियों ने आवेदन-पत्र भेजे। फिर छँटनी शुरू हुई—यह संख्या 5,000 तक रह गई, फिर 500 तथा इसके बाद 5 प्रतियोगी अंतिम दौर में रह गए। पाँच जजों ने अंतिम सवाल पूछा, जिससे यह तय हुआ कि अंतिम विजेता कौन है।

यह महत्त्वपूर्ण प्रश्न क्या था? उससे यह पूछा गया, "यदि आप 'मिस वर्ल्ड' बन जाती हैं तो आप क्या करेंगी?" उसने सोचा, खूब सोच-समझकर जवाब दिया कि—"वह मदर टेरेसा की तरह कार्य करना चाहेगी"।

जजों ने सुना, ध्यान से सुना और उस पर विश्वास किया। क्यों? मेरे विचार में, जब जजों ने उसे गौर से देखा तो उन्हें लगा कि वे इस प्रकार से उसका जवाब

सुन रहे हैं—शब्द–20 प्रतिशत, आँखें–20 प्रतिशत, मस्तिष्क–40 प्रतिशत, हृदय–20 प्रतिशत।

अब प्रतिशत को लेकर 'लड़ें' मत; आप अपना प्रतिशत स्वयं तय कर सकते हैं। लेकिन तथ्य यही है—हम शब्दों से ही अपने विचार, भाव व्यक्त नहीं करते, बल्कि हमारी भाव–भंगिमाएँ तथा मुद्राएँ भी अपनी भूमिका निभाती हैं। इससे पता चलता है कि आपके मस्तिष्क में क्या चल रहा है! आप मन में क्या महसूस कर रहे हैं तथा आपकी आँखों तथा वाणी से ये विचार और भावनाएँ कैसे व्यक्त हो रही हैं ? जब हम बोलते हैं तथा सच्चे मन से बोलते हैं—तो हमारी भाव–भंगिमाएँ भी इस संप्रेषण में शामिल होती हैं—हमारी आँखें, हमारा मन तथा हृदय भी। यही हमारी 'प्रवृत्ति' है।

जब हम अपने मन–मस्तिष्क से हटकर कुछ कहते हैं—तो यह 'सामान्य उक्ति' होती है। राजनीतिज्ञ और कभी–कभी अभिनेता भी 'ऐसी ही उक्ति' व्यक्त करते हैं और इसलिए उन पर कोई विश्वास नहीं करता।

आप पूछ सकते हैं, "अब वह क्या कर रही हैं ? मदर टेरेसा…"

ठीक है, हम उस समय की बात कर रहे हैं, जब वह 'विजेता' थीं।

— विचार 2 —

आपके कौशल का प्रमुख भाग 'श्रवण' है। यह 'सुनने' से ज्यादा महत्त्वपूर्ण है। मैं दोहराता हूँ। सुनना 'श्रवण' का हिस्सा है, लेकिन 'श्रवण' सुनने का अंग नहीं है।

श्रवण सुनने पर केंद्रित है। प्रत्येक व्यक्ति बॉस को ध्यान से सुनता है, दूसरे की बात को सुनने पर श्रवण–कौशल विकसित होता है। हम सुनकर सहयोगी स्टाफ प्राप्त कर सकते हैं। लेकिन प्रबंधक को प्रभावशाली अधिकारी बनने के लिए 'श्रवण–कौशल' विकसित करना होगा, सबको ध्यान से सुनना होगा।

— विचार 3 —

अभ्यास से हमारे कान हजारों तरह का शोर तथा आवाजें सुन सकते हैं।

हमें वोट दें

भगवान ने हमें दो कान दिए हैं, इसलिए हम ध्यान से, अच्छी तरह से सुन सकते हैं।

हमारा दिमाग पूरी तरह से बंद हो सकता है, आधा बंद हो सकता है—अर्थात् किसी बात को पूर्णत: या अंशत: अनसुना कर सकता है। हम अपना दिमाग खुला रख सकते हैं, हम सुनने को श्रवण में बदल सकते हैं। कंप्यूटर की तरह हमारे दिमाग में लाखों फाइलें खुल सकती हैं। हममें से अधिकांश कुछ हजार फाइलों के साथ कार्य कर सकते हैं।

जब आप कुछ सुनते हैं, तब आपके दिमाग में प्रक्रियाएँ चलने लगती हैं। इन्हें उचित फाइल में स्टोर किया जाए, ताकि जब आपको किसी सूचना की जरूरत पड़े तो उसका उपयोग हो सके। सुनना तथा प्रक्रिया (प्रोसेसिंग) 'श्रवण' में बदल जाते हैं। है न कितना आसान!

— विचार 4 —

हम जो बात सुनते हैं—चाहे आलोचना हो, प्रतिकूल विचार हो या नई सूचना—उसे आत्मसात् करना भी जरूरी होता है। आत्मसात् के बाद सार तत्त्व मानसिक फ्लॉपी में चला जाता है या निरर्थक सूचना बाहर चली जाती है। यह प्रक्रिया ठीक 'पाचन-क्रिया' की तरह है। फिर कितना आसान है!

श्रवण-कौशल सीखने के लिए ढोल की कल्पना करें। अलग-अलग ताल पर ढोल बजता है। हममें से अधिकांश अपने-अपने ढोल की ताल पर आगे बढ़ते हैं, जो दूसरों की ताल से मेल नहीं खाते।

आपका बॉस, सहयोगी, पति/पत्नी तथा बच्चे सभी कहते हैं कि आप उनकी नहीं सुनते। ठीक है, आप इसे स्वस्थ आलोचना के रूप में आत्मसात् क्यों नहीं करते तथा प्रत्येक व्यक्ति की बात ध्यान से क्यों नहीं सुनते? यह सीखने योग्य उत्तम आदत है।

अपनी आँखों से सुनें—अपने ग्राहकों को सुनें। अकसर उनकी शिकायतें जलते अंगार जैसी होती हैं तथा आप उन्हें और ज्यादा हवा देकर भड़का सकते हैं या निर्णय के रूप में शीतल जल की कुछ बूँदें डालकर इन अंगारों को राख के ढेर में बदल सकते हैं।

अपने ग्राहकों को सुनना इतना आसान नहीं है। यह बहुत-बहुत कठिन कार्य है। आप इसकी वजह जानते हैं? क्योंकि जीवन भर हमें ध्यान से, ठंडे दिमाग से सुनना नहीं आता।

महत्त्वपूर्ण बिंदु

1. दूसरे पक्ष की भी बात सुनें।

2. ध्यान से सुनना बंद न करें, सीखने की प्रक्रिया चलने दें, प्रशिक्षण लेना बंद न करें।

3. अच्छे श्रोता को पसंद ही नहीं किया जाता, बल्कि थोड़ी देर बाद वह भी सब कुछ जान जाता है।

4. दोयम दर्जे/असफल एक्जीक्यूटिव को कारोबार की दृष्टि से यह रोग होता है कि वह ध्यान से अपनी बात सुन नहीं पाता।

5. आपमें और मुझमें सुनने का ही अंतर है। आप सुनते समय दरवाजा बंद कर देते हैं तथा मैं खोलकर सुनता हूँ। इसे इस तरह भी स्पष्ट किया गया है कि 'दिमाग की खिड़कियाँ, दरवाजे खोलकर हर बात सुनें'।

6. सुनो, ध्यान से सुनो, ताकि आप प्रभावशाली ढंग से कुछ कह सकें।

7. श्रवण...शब्द-20 प्रतिशत, आँखें-20 प्रतिशत, दिमाग-40 प्रतिशत, हृदय-20 प्रतिशत।

8. भगवान् ने जन्म के समय आपको दो आँखें, दो कान और एक मुँह दिया

है। आप इनका इसी अनुपात में इस्तेमाल करें।

9. दिमाग और हृदय से प्रभावशाली संप्रेषण होता है।

10. आप जब भी अपना मुँह खोलते हैं, खुद का तमाशा खड़ा कर देते हैं।

11. अपनी प्यारी, सुंदर आँखों से ध्यान से सुनें। सुनते समय आँखें फोकस रखें।

12. जब कोई स्त्री पुरुष की बात सुन रही हो या पुरुष स्त्री की बात सुन रहा हो तो ध्यान से सुनें...इससे जीवन भर की समस्या पैदा हो सकती है।

13. समस्या को देखकर कबूतर की तरह बिल्ली को देखकर आँखें न बंद कर लें या शुतुरमुर्ग की तरह रेत में सिर न गड़ा लें—यह कल्पना न करें कि मुसीबत अपने आप टल जाएगी।

14. अपनी आत्मा की आवाज सुनें। जब आप इसे नजरअंदाज कर देते हैं, तभी आपको सबसे ज्यादा मुसीबतें झेलनी पड़ती हैं।

15. नजरें उठाकर बात करें। इससे आपका आत्म-विश्वास बढ़ेगा।

□

12

जन-सहयोग

Cooperation

मेरा प्रमुख कार्य लोगों को साथ लेकर चलना है

लोगों के बारे में सोचें—अच्छे लोगों के बारे में सोचें-वचनबद्ध लोगों के बारे में सोचें—'जन-प्रबंधन' ऐसा विषय है, जिसमें प्रत्येक व्यक्ति की रुचि होनी चाहिए। इससे भी अधिक प्रत्येक उद्यमी की इसमें रुचि होनी चाहिए। चाहे उसे 6 कर्मचारियों का प्रबंधन करना हो, 600 का प्रबंधन करना हो या फिर 60,000 कर्मचारियों का प्रबंधन करना हो। हम व्यवसायी हों या प्रोफेशनल अथवा गृहिणी हों, हमें अपने परिवार, रिश्तेदारों, मित्रों तथा सहयोगियों का भी प्रबंधन करना होता है। जन-प्रबंधन के सिद्धांत, संकल्पनाएँ, आदतें तथा कौशल सभी मामलों में एक समान रहते हैं; चाहे आप लघु, मध्यम या बड़े उद्योग चला रहे हों या साधारण रूप में परिवार को सँभाल रहे हों।

जब आप यह बुनियादी तथ्य समझ लेते हैं तो आपको यकीन हो जाएगा कि आप आगे चलकर अधिक मुनाफे, खुशी तथा शांति के लिए अपने कर्मचारियों का प्रबंधन कर पाएँगे। कृपया ध्यान दें, हम आनेवाले समय की बात कर रहे हैं; क्योंकि ऐसे कार्य के अल्पकालिक, मध्यम तथा दीर्घकालिक—समान प्रभाव होते

हैं, जिसमें लोगों की भागीदारी होती है।

मानव-विकास में निवेश प्रभावशाली निवेश होता है। इस पूरी दुनिया में ऐसी कोई जादू की छड़ी नहीं है, जिसकी मदद से आप सर्वश्रेष्ठ तरीके से कर्मचारियों का प्रबंधन कर सकें। यहाँ तक कि सर्वाधिक सफल प्रबंधन भी स्वयं में सुधार लाता रहता है, निरंतर लाता रहता है।

— विचार 1 —

अपने कर्मचारियों का मार्गदर्शन करें—अपने हाथ में झंडा लेकर कर्मचारियों का नेतृत्व करें : उद्यमी को हर समय विशिष्ट नेता के रूप में पूरी जिम्मेदारी उठाते हुए व्यवहार करना चाहिए, ताकि उसके कर्मचारी उसका अनुसरण कर सकें। 'बॉस (नेता) की गति टीम की गति होती है।'

— विचार 2 —

कर्मचारियों के अनुकरण की प्रवृत्ति को समझें—यदि कोई व्यक्ति किसी बात को या घटना को सही मानता है तो उसके विचारों के अनुसार कर्म सामने आते हैं तथा यही कर्म दूसरी पार्टी के साथ पारस्परिक कार्यों का रूप लेते हैं। यह अन्य व्यक्ति का बोध निर्णय लेने या देने का आधार बनता है। इसे 'आत्म-संतुष्टिजनक पूर्वानुमान' अर्थात् 'अनुकरण की प्रवृत्ति' कहा जाता है।

— विचार 3 —

अपने कर्मचारियों में आत्मसम्मान की भावना जगाएँ—

- कर्मचारियों को सही कार्य करने पर उनकी पीठ थपथपाएँ। यस सर, हमेशा ध्यान से सुनें तथा ध्यान से देखें तथा जब कभी कोई कर्मचारी कुछ सही कार्य करे, उसे शाबाशी दें। केवल ध्यान ही नहीं देना, बल्कि खुलकर उसे महत्त्व दें, उसे स्वीकार करें।
- उन्हें सुरक्षा प्रदान करें, जानकारी दें, प्रशिक्षण दें, धन दें, चुनौती दें, जॉब-संतुष्टि दें तथा सबसे ज्यादा, जैसा आप बॉस से चाहते हैं, वैसा ही अपने कर्मचारियों को मान-सम्मान दें।

- उदाहरण पेश करके अनुशासन सिखाएँ।

— विचार 4 —

कर्मचारी की सफलता में ही आपकी सफलता निहित है—स्वतंत्रता, सफलता और आनंद—ये तीनों चीजें आपको तब तक नहीं मिल सकतीं, जब तक कि आप अपने कर्मचारियों को ये तीनों सुख नहीं देते या उनके साथ ये तीनों खुशियाँ नहीं बाँटते।

आप यह आदत डाल लें कि आप उनसे जो कार्य करवाना चाहते हैं, उसका कारण बताएँ; क्योंकि कर्मचारी वास्तव में किसी कार्य को तब तक करने के इच्छुक नहीं होते, जब तक वे यह नहीं जान लेते कि किस प्रकार से उनकी भूमिका कारोबार को सफल बना सकती है। तभी आपके कर्मचारी परिश्रम तथा सुचारु ढंग से कार्य करने लगते हैं।

— विचार 5 —

अपने कर्मचारियों की गलतियाँ गरिमामय ढंग से क्षमा कर दें : अमेरिकी कहावत है—'चेयरमैन की पेंसिल में रबड़ भी लगी होती है।' अर्थात् चेयरमैन भी गलती कर सकता है।

मनुष्य कर्मचारी होते हैं। कर्मचारी मनुष्य होते हैं। सभी मनुष्यों में आलस्य, लालच, क्रोध, झूठ बोलना आदि जैसी कमियाँ होती हैं। एक बार जब आप अपने कर्मचारियों की इन सहज कमियों को जान लेते हैं, आप उनसे कार्य करवाते समय इन्हें ध्यान में रखें। उनके साथ बातचीत करते समय, समझौता करते समय आप आवश्यक 'डिस्काउंट कारक' का प्रयोग कर सकते हैं।

— विचार —

अपनी टीम को विजेता टीम बनाएँ— विजेता टीम निर्माण में पाँच सिद्धांत निहित हैं—

1. टीम में प्रबंधन वर्ग/उच्च स्तर का निर्देश महत्त्व नहीं रखता।
2. त्याग की समान भावना।

3. कर्मचारियों के साथ घुल-मिल जाना।
4. दूसरों का ध्यान रखना।
5. उत्तम संप्रेषण का अभ्यास।

कर्मचारियों का प्रबंधन

— विचार 1 —

अपने कर्मचारियों का मन-मस्तिष्क अर्थात् विचारधारा बदलने का प्रयास करें—औसतन हम सभी 10 प्रतिशत दिमाग इस्तेमाल करते हैं। इसलिए सुधार की अत्यधिक संभावनाएँ होती हैं।

आप कोई काम तब तक अलग तरीके से नहीं कर सकते, जब तक आप चीजों को अलग ढंग से नहीं देखते। अनूठे ढंग से कार्य करने के अलावा कर्मचारियों का प्रबंधन भी अलग तरीके से करना होगा। आपको चीजें अलग नजरिए से देखनी होंगी। सबकुछ बदल रहा है, इसलिए परिवर्तन के साथ समायोजन में भी कर्मचारियों की मदद करनी होगी।

मनुष्य का मस्तिष्क विचारों का कारखाना है। इसमें सकारात्मक और नकारात्मक—दोनों प्रकार के विचार उत्पन्न हो सकते हैं। इसमें प्रति मिनट ढेर सारे विचार उत्पन्न हो सकते हैं। ये विचार हमें आकार देते हैं तथा यह प्रक्रिया 'गीगो' और 'बीबो' कहलाती है। 'गीगो' का अर्थ है सही सोच, सही परिणाम। इसी तरह 'बीबो' का अर्थ 'गलत सोच, गलत परिणाम' है।

— विचार 2 —

याद रखें, आप अपने कर्मचारियों का समय खरीदते हैं—आप अपने कर्मचारियों का समय खरीदते हैं। इसलिए आपको यह सुनिश्चित करने का पूरा हक है कि वे सही ढंग से कार्य करने में सक्षम होने की बजाय सही कार्य करके प्रभावोत्पादक बनें। हमेशा 80/20 सिद्धांत याद रखें—'कम लगाओ, ज्यादा पाओ' का रहस्य। अनुसंधान से पता चला है कि यदि हम 20 प्रतिशत कार्य करते हैं तो 80 प्रतिशत परिणाम मिलते हैं। इसलिए उद्यमी के रूप में यदि आप अपने संगठन

में सही कार्य करने की प्राथमिकता तय करते हैं तो आप काफी प्रगति करेंगे।

प्रत्येक व्यक्ति अपनी इच्छा के अनुसार अपनी रुचि का कार्य करना चाहता है। यह नहीं सोचता कि उसे क्या करना चाहिए। संगठन में ऐसी अद्भुत घटना घटित होने की कुंजी समुचित अभिप्रेरणा शक्ति तथा मार्गदर्शन में निहित है।

आप अपना और अपने कर्मचारियों का समय कैसे बचा सकते हैं? इसके लिए ये तीन परखे गए तरीके अपनाएँ—

1. आत्मसंयम—अच्छी बातें सीखें, जानें; उदाहरण पेश करें, प्रोत्साहन दें, महत्त्व दें।

2. निर्णय लें—अंतर्द्वंद्व की स्थिति में आपका तथा कर्मचारी का समय बरबाद होता है। निर्णय लेने और करने के बीच के अंतर को जानें।

3. आज करे, सो अब—

कल करे सो आज कर
आज करे सो अब;
समय बीतता जा रहा,
बहुरि करेगा कब।

टालमटोल मत करें। आपके भीतर यह 'रोग' किस सीमा तक है, इसका आत्म- विश्लेषण करें। दूसरों को ध्यानपूर्वक देखें तथा अपना निष्कर्ष निकालें। यकीनन इस दिशा में आप कुछ-न-कुछ अवश्य करेंगे।

— विचार 3 —

अपने कर्मचारियों के साथ प्रभावी संप्रेषण 'हरे-भरे पेड़' की तरह होता है— सूचना। सूचना। सूचना। सूचना। सूचना ही सारतत्त्व है! प्रत्येक व्यक्ति को इसकी जरूरत है। सही समय पर, सही मात्रा में, सही प्रकार की सूचना से संगठन सफलेता की ओर अग्रसर होता है। किसी संगठन में सूचना का वही स्थान है, जो मानव शरीर के लिए भोजन का है। अत्यधिक भोजन या कम भोजन अथवा गलत तरह के भोजन से फायदे की जगह शरीर को नुकसान पहुँचता है। अब सवाल यह है कि सही मात्रा में, सही प्रकार की सूचना कैसे ली जाए, जिससे आगे चलकर

संगठन को अधिकतम लाभ पहुँचे ? आपके कर्मचारियों के साथ प्रभावी संप्रेषण ही इसका रहस्य है : (1) ध्यान से सुनना सीखें, (2) अपने कर्मचारियों के साथ तालमेल बिठाना सीखें, (3) लिखना सीखें।

— विचार 10 —

कर्मचारियों को उनकी योग्यता के अनुसार कार्य सौंपें—कभी-कभी कर्मचारियों को चुनौतीपूर्ण कार्य नहीं सौंपे जाते, इसलिए उनका उत्साह भी ठंडा पड़ जाता है। इसीलिए यह कहा गया है—"अपनी पसंद का कार्य/नौकरी चुनें, आपको जीवन में एक भी दिन कार्य नहीं करना पड़ेगा!"

आप अपने कर्मचारियों के लिए ऐसी स्थिति उत्पन्न कर सकते हैं, जहाँ कार्य/नौकरी या तो उबाऊ हो जाएगी या आनंद से भरपूर! आत्म-संतुष्टि से भरपूर ऐसे कार्य-कलाप के लिए प्रयास करें, जिससे कर्मचारियों का विकास और प्रगति हो।

— विचार 4 —

कार्य किसी और को सौंपें, लेकिन सौंपने के बाद भूलें नहीं। दूसरों के कार्य करवाने के लिए जरूरी है कि हम लोगों के साथ घुल-मिल जाएँ। हमारे कार्य का अधिकांश भाग दूसरों द्वारा किया जा सकता है। अपना कार्य अन्य लोगों को सौंपें, लेकिन इसे भुलाएँ नहीं। कार्य सौंपें, लेकिन उसका त्याग नहीं करें। कार्य सौंपना एक कला है तथा गलतियाँ करके ही हम कार्य करवाना सीख सकते हैं। नए ढंग से कार्य करके तथा जोखिम उठाकर गलतियाँ कम की जा सकती हैं। बशर्ते गलतियों पर ध्यान दें। हम इस बारे में चर्चा करने जा रहे हैं कि लगभग 70 प्रतिशत काम करवाया जा सकता है तथा कार्य करवाया जाना चाहिए। यह कार्य कैसे किया जा सकता है ? एकदम आसान है। हमारे पास दो चीजें होनी चाहिए—

- **अनुवर्ती कार्यों की सूची**—इसमें हमें यह नोट करना चाहिए कि कौन सा कार्य किसे सौंपा गया है।

• **जाँच-सूची**—सुनिश्चित करना कि हमने दैनिक, साप्ताहिक, पाक्षिक, मासिक वगैरह की प्रगति की जाँच की है।

ये दोनों बातें बड़ी आसान हैं तथा इससे नए-नए विचार उभरते हैं, फिर भी अनेक उद्यमी ये दोनों सूचियाँ नहीं रखते।

कार्य सौंपना एक कला है। आपको अपने अनुभव से, कार्य करके तथा महसूस करके यह सीखना होगा।

— विचार 5 —

अच्छी बैठकें आयोजित करने की कला सीखना—दो प्रकार की बैठकें होती हैं—1. मछली बाजार, 2. ऑर्केस्ट्रा जैसी। सामंजस्यपूर्ण बैठक के अध्यक्ष या लीडर की जिम्मेदारी होती है कि बैठक का कैसे अंत होता है। चाहे कोई सेमिनार हो, कार्यशाला हो या प्रशिक्षण कोर्स—आदि से अंत तक कर्मचारियों का समूह तथा नेतृत्व शक्ति ही अनिवार्य तत्त्व होते हैं।

— विचार 6 —

परस्पर मिल-जुलकर कार्य करने के लिए कर्मचारियों को प्रशिक्षित करना— चाहे 6 कर्मचारी हों, 60 हों, 600 हों या 60,000 कर्मचारी हों, किसी संगठन में मिलकर काम करना मानवीय संबंधों का महत्त्वपूर्ण पक्ष है। हम ऐसे लोगों से भी मिलते हैं, जो बहुत ज्यादा योग्यता प्राप्त हैं, लेकिन उनका कार्य-निष्पादन श्रेष्ठ नहीं होता; क्योंकि वे साथी कर्मचारियों के साथ घुल-मिल नहीं पाते। हमने ऐसे उद्यमी भी देखे हैं, जिनकी दृढ़ वित्तीय स्थिति है, उनके पास उत्तम सुविधाएँ हैं, लेकिन वे अपने कर्मचारियों के साथ घुल-मिल नहीं पाते। सौभाग्यवश आप स्वयं को यह सिखा सकते हैं कि अन्य लोगों के साथ कैसे घुल-मिल सकते हैं तथा यही बात अपने कर्मचारियों को भी बता सकते हैं। कैसे? आइए जानें : (1) संगठन का प्रत्येक व्यक्ति खास है, महत्त्वपूर्ण है, (2) उन्हें धन्यवाद कहना तथा 'क्षमा माँगना' सिखाएँ, (3) यदा-कदा 'न' कहना सिखाएँ, (4) उन्हें यह प्रशिक्षण दें कि वे आलोचना से कुछ सीखें, (5) गुस्सा शांत करना सिखाएँ, (6)

ईमानदारी का महत्त्व समझाएँ। कैसे ? इसके लिए उन्हें स्वावलंबी बनानेवाली पुस्तकें पढ़ने तथा अभिवृत्ति विषयक सेमिनार में भाग लेने के लिए प्रोत्साहित करें।

— विचार 7 —

कर्मचारियों को ग्राहकों की आवश्यकताओं पर एकाग्र होने के लिए प्रोत्साहित करें—प्रत्येक कर्मचारी को यह अवश्य समझ लेना चाहिए कि वह ग्राहकों के कारण ही संगठन में मौजूद है। कर्मचारी को बुद्धि और मन से यह बात भी समझ लेनी चाहिए कि ग्राहक उसका 'बॉस' है। ग्राहक ही उसका मुनाफा है तथा ग्राहक मनमौजी होता है। यहाँ तक कि कारोबार की नब्ज समझने के लिए लेखाकार (एकाउंटेंट) को भी ग्राहकों से मिलना चाहिए।

जब कभी आपका कर्मचारी ग्राहक से मिले, उसका लक्ष्य सामान बेचना या आपके संगठन की साख को बेचना या प्रसार होना चाहिए। और यह कोई मात्र भ्रमण नहीं होता। यह सुनिश्चित किया जाए कि आपने अपने कर्मचारियों को इतना प्रशिक्षित कर लिया है कि वह कम-से-कम आपके संगठन की साख का प्रतिनिधि बन गया है। जिस तरह से खराब विज्ञापन के कारण उत्पाद बिकता नहीं, उसी तरह नकारात्मक रवैयेवाला कर्मचारी लाभ पहुँचाने की तुलना में नुकसान ज्यादा पहुँचाता है।

— विचार 8 —

अपने कर्मचारियों को फलने-फूलने दें—स्वप्रेरणा से अपने कार्यक्षेत्र में न आनेवाले कार्य करने पर अपने कर्मचारियों की सराहना करें। प्रत्येक कर्मचारी को बेहतर तरीके ढूँढ़ने, कार्य सौंपने के लिए प्रोत्साहित करें। उन्हें साधन मुहैया कराएँ—कैलकुलेटर, मोटर साइकिल वगैरह। बेहतर समाधान ढूँढ़ने के लिए प्रशिक्षण पाठ्यक्रमों में भेजें। उन्हें समतुल्य संगठनों में जाने का मौका दें, ताकि वे कार्य करने के बेहतर तरीके जान सकें। मौलिक विचारों को प्रोत्साहन दें तथा उनकी गलतियों को क्षमा कर दें; लेकिन अपने लाभ के नजरिए से उनका विश्लेषण करें। उन्हें 'मूढ़' लगनेवाले विचारों को भी व्यवहार में लाने का मौका दें, क्योंकि मूर्खतापूर्ण विचारों में से महान् विचार निकल सकते हैं।

अपने कर्मचारियों के विचारों को दबाएँ नहीं ! पहले उन्हें सुझाव देने के लिए प्रोत्साहित करें। जब वे सुझाव देने लगें तो भले ही बेकार सुझाव हों, तब भी अपने मानसिक बर्नर को धीमा रखें। मस्तिष्क में विचारों को आलोड़ित होने दें। सोचते रहें, पूछते रहें तथा इस बारे में कार्य करते रहें। लेकिन विचारों को कुचलें नहीं।

— विचार 9 —

अपने कर्मचारियों की समस्याएँ सुलझाएँ—जब कोई कर्मचारी आपके पास समस्या लेकर आए, अपनी मानसिक स्क्रीन पर प्रबंधन क्षेत्र की यह संकल्पना फ्लैश होने दें कि अधिकांश समस्याएँ विचार शून्यता के कारण उत्पन्न होती हैं। कर्मचारियों को प्रोत्साहन दें कि वे नए-नए विचार तथा सुझाव दें। जितनी अधिक विचार-अभिव्यक्ति होगी, उतना ही बेहतर होगा। जो विचार उचित लगे, उस पर कार्य करना शुरू कर दें तथा इससे शीघ्र ही आप सुधार लाने में समर्थ हो जाएँगे।

— विचार 10 —

अपने कर्मचारियों को सोचने के लिए अभिप्रेरित करें : अभिप्रेरणा क्या है ? यह ऐसा कारक है, जिससे आप औसत कर्मचारी से उच्चतर कोटि का कार्य ले पाएँगे। कोई भी व्यक्ति जन्मजात अभिप्रेरित करने की योग्यता नहीं रखता, यह विशेषता अर्जित करनी पड़ती है। आश्चर्य है कि हममें से बहुत कम लोग इस विशेषता को अर्जित करने का प्रयास करते हैं। क्यों ? क्योंकि हममें इतना धैर्य नहीं होता। जब तक हम समझ-बूझ से काम नहीं लेते, तब तक अभिप्रेरणा चतुराई या जोड़-तोड़ बनकर ही रह जाती है। अभिप्रेरणा की प्रक्रिया में निम्नलिखित बिंदु शामिल होते हैं—1. कर्मचारियों के साथ रहते हुए तथा उनकी दृष्टि से चीजें देखने की इच्छा और सामर्थ्य। 2. तारीफ कभी व्यर्थ नहीं जाती, उसके सुफल अवश्य मिलते हैं। 3. चपरासी से लेकर अध्यक्ष तक कोई भी व्यक्ति मात्र पेट भरने के लिए नौकरी नहीं करता और न ही कभी ऐसा होगा। 4. किसी का अपमान न करें।

— विचार 11 —

अपने बेहूदा या निंदनीय कर्मचारियों की कमियाँ दूर करें—सभी कर्मचारी एक समान नहीं होते। यहाँ हम ऐसे कर्मचारियों के बारे में चर्चा कर रहे हैं, जो कुछ सीखने, दोष दूर करने से मना कर देते हैं तथा बार-बार ऐसी कमियाँ व्यक्त करते हैं, जिनसे लोगों के मन में विकर्षण पैदा होता है। कुछ लोग अहंकारी हो सकते हैं, जो इस तथ्य को स्वीकार नहीं कर सकते कि वे दूसरों से कुछ सीख सकते हैं। कुछ लोग इतने महत्त्वाकांक्षी हो सकते हैं कि उनके विचार में दूसरे कामगारों को छोटा समझने की प्रवृत्ति को अपनी नौकरी, अपने कार्य का हिस्सा समझते हैं। दूसरों को अपने मातहत से ज्यादा और कुछ नहीं समझते। सामान्यत: वे संगठन के लिए अनिष्टकारी होते हैं। ऐसे कर्मचारी उद्यमी तथा स्टाफ—दोनों प्रकार की श्रेणियों में प्रत्येक संगठन में होते हैं।

लीडर या नेता के रूप में आपको बेहूदा कर्मचारियों को कदापि बरदाश्त नहीं करना चाहिए। ऐसे कर्मचारियों के कारण टीम प्रभावी ढंग से कार्य नहीं कर पाती। उन्हें सुनने-सुनाने का मौका दें, और यदि वे नहीं सुधरते तो उन्हें नौकरी से हटा दें।

— प्रेरक कहानी —

शिमला के एक बाग में ध्यान सिंह सेब चुनता था। उसकी जिंदगी सुख-चैन से गुजर रही थी। तभी प्रबंधन वर्ग ने 'शून्य त्रुटि' अर्थात् 'श्रेष्ठ कार्य संबंधी कार्यक्रम' की घोषणा की।

इस नई घोषणा के अनुसार, प्रत्येक कामगार को इस वचन-पत्र पर हस्ताक्षर करने थे कि वह केवल अच्छी क्वालिटी के सेब चुनेगा।

स्पष्ट है, ध्यान सिंह जैसा अनुभवी कामगार ऐसा आघात बरदाश्त नहीं कर सकता था। उसने अपने फोरमैन पॉइंट प्लांक को बताया कि वह हस्ताक्षर नहीं करेगा।

जब उससे इसका कारण पूछा गया तो उसने स्पष्ट किया कि वह लगभग तीस वर्षों से इस बाग में काम करता आ रहा है। और वह केवल अच्छी क्वालिटी

के ही सेब चुनता है। इसलिए 'शून्य त्रुटि' जैसा कार्यक्रम या श्रेष्ठ कार्य उसके लिए उपयुक्त नहीं है।

बेचारा फोरमैन प्रबंधक के पास चला गया। लेकिन प्रबंधक भी सर्वोत्तम मानव संबंधों से जुड़े तमाम कौशल आजमाने के बाद भी ध्यान सिंह को समझा नहीं पाया। अब मामला बाग के मालिक ठाकुर देवेंद्र सिंह के पास पहुँच गया। ठाकुर साहब ने ध्यानसिंह को अपने दफ्तर में बुलाया।

ठाकुर साहब बेकार की बातों में विश्वास नहीं करते थे। उन्होंने गरजती आवाज में पूछा, "ध्यान सिंह, तुम यहाँ कब से काम कर रहे हो?"

ध्यान सिंह ने जवाब दिया, "तीस वर्षों से, साब।"

"तुम्हारी पत्नी?"

"वह पिछले बीस वर्षों से काम कर रही है, साब।"

"और तुम्हारा बेटा?"

"उसने पिछले साल से ही काम करना शुरू किया है। वह बहुत मेहनत करता है, साब।"

ध्यान सिंह बेचैन होने लगा। ठाकुर साहब आराम से सिगार भर रहे थे। ध्यानसिंह ने देखा, उनका सिगार जला तथा सिगार से धुआँ उठने लगा।

धुएँ के पीछे से उसने भारी-भरकम शब्द सुने—"ध्यानसिंह, यदि तुम हस्ताक्षर नहीं करोगे तो तुम सबको यहाँ काम करने की कोई जरूरत नहीं।"

ध्यानसिंह ने फिर दुबारा नहीं सोचा। उसने उसी क्षण वचन-पत्र पर हस्ताक्षर कर दिए।

ठाकुर साहब ने उससे पूछा कि पहले उसने क्यों मना कर दिया था? ध्यानसिंह ने जवाब दिया—"साब, किसी ने अभी तक 'शून्य त्रुटि' जैसा कार्यक्रम इस तरीके से नहीं समझाया था।"

— एक्शन प्लान 1 —

एच.पी. नंदा एस्कॉर्ट्स लिमिटेड के संस्थापक और अध्यक्ष हैं। उनकी सफलता का एकमात्र रहस्य यह तथ्य था कि संभवत: वह मानते थे कि उनका

पहला और प्रमुख कार्य लोगों के साथ घुल-मिल जाना है। उनके मामले में उनके साथ निम्नलिखित लोग थे—शेयरधारक, कर्मचारी, ग्राहक, डीलर्स, विक्रेता, एसोसिएट्स तथा सबसे ऊपर सरकारी कर्मचारी एवं अधिकारी तथा तत्कालीन राजनीतिज्ञ। जब वह पाकिस्तान से शरणार्थी के रूप में आए थे, तब उन्होंने 5,000 रुपए से कारोबार शुरू किया था तथा वर्ष 1990 तक वह 3,000 करोड़ रुपए की कंपनी के मालिक बन गए थे। उनके सुपुत्रों को विरासत में संपत्ति मिली, लेकिन लोगों के साथ घुल-मिल जाने की काबलियत के रूप में मिली उनकी सफलता उन्हें वसीयत में नहीं मिली। अमेरिका की एक कहावत है, जिसके समानार्थी पंजाबी में यह कहावत है—'बाबा बनाए, पोता खाए।' मेरे इन शब्दों को गंभीरता से न लें, मैं सिर्फ यह कहना चाहता हूँ—लोगों में घुलने-मिलने का गुण विकसित करें, शेष 'प्रबंधन के गुण' आप भाड़े पर खरीद सकते हैं।

— एक्शन प्लान 2 —

हमारे सेमिनार में हमारी सर्वाधिक आकर्षक स्लाइड है—द्रौपदी वस्त्र-हरण। हमारा यह विश्वास है कि 'रामायण' और 'महाभारत' से हमें यह शिक्षा मिलती है कि लोगों का अपमान न करें, क्योंकि इससे प्रतिशोध का जन्म होता है, और अंततः यह सर्वाधिक महँगा, विनाशकारी तथा आत्मघाती शस्त्र बनता है।

यहाँ मैं संक्षेप में बताना चाहूँगा। द्रौपदी ने दुर्योधन का अपमान करके पहल की थी। यदि द्रौपदी उस समय 'क्षमा' माँग लेती तो शायद वह स्वयं को और अपने परिवार को मुसीबतों से बचा लेती। लेकिन उसमें अपने सौंदर्य के प्रति दर्प था। उसे अपने पिता तथा अपने पतियों पर घमंड था। दुर्योधन ने दुःशासन को कहा कि वह द्रौपदी को राजसभा में बाल खींचते हुए लाए। तब रामराज नहीं था, बल्कि कलियुग था। सौभाग्यवश, द्रौपदी का नेटवर्क बहुत अच्छा था। उनका पति अर्जुन तथा कृष्ण उसकी रक्षा में आ गए। वह बच गई। लेकिन वह दुर्योधन को क्षमा करने तथा उसका अपराध भूल जाने में विश्वास नहीं रखती थी। दुःशासन का वक्ष चीरकर निकले रक्त से बाल धोकर प्रतिशोध लिया। युद्ध जारी रहा। भीम ने कमर के नीचे दुर्योधन पर प्रहार किया तथा उसके प्रतिशोध में दुर्योधन ने अपने

मित्र अश्वत्थामा को बदला लेने के लिए कहा। उसने द्रौपदी के पाँचों पुत्रों को धोखे से मार डाला। द्रौपदी को अपने कंधों पर पाँचों पुत्रों की पाँच अर्थियाँ ढोनी पड़ीं। किसी व्यक्ति के कंधों पर सबसे ज्यादा भारी बोझ! इस बारे में ऐसे अन्य अनेक उदाहरण दिए जा सकते हैं।

— एक्शन प्लान 3 —

जब भी कोई व्यक्ति सही कार्य करता है तो उसे मेडल दें। घर तथा बाहर—लोगों के आंतरिक निर्माण तथा प्रोत्साहित करने का यह उत्तम उपाय है। आपकी आशाओं से आगे बढ़ जाने तक प्रतीक्षा न करें। याद रखें, जब कभी आप क्रिकेट, हॉकी या फुटबॉल दर्शकों को देखें तो स्पष्ट हो जाएगा कि दर्शक गोल बनाने तक अपनी टीम का इंतजार नहीं करते, बल्कि जब 'बॉल' मैदान में दूसरी ओर जा रही होती है, तभी अपने खिलाड़ियों का हौसला बढ़ाना शुरू कर देते हैं। यह भी याद रहे, कोई मूर्ख व्यक्ति ही आलोचना, खंडन, शिकायत कर सकता है और अधिकांश मूर्ख ऐसा ही करते हैं। इसलिए अगली बार जब आप ऐसा करना चाहें—तो रुकें, प्रतीक्षा करें तथा उन स्थितियों पर विचार करें, जहाँ आप संभवत: कुछ ऐसा ढूँढ़ सकते हैं, जो लगभग सही था। ध्यान दें! इनाम दें! पैसा या प्रशंसा, यह निर्णय आप पर निर्भर करता है।

— एक्शन प्लान 4 —

तेल के कारण राष्ट्रों के बीच टकराव बढ़ा है। लेकिन धातुओं में यह संघर्ष कम होता है। मानव-संबंधों में, निम्नलिखित शब्द आपके मन-मस्तिष्क से नि:सृत होते हैं। ये शब्द मानव-संबंधों के बीच स्नेह तथा मैत्रीभाव उत्पन्न करते हैं—

ये शब्द मानव-संबंधों के लिए ऑक्सीजन हैं—

- धन्यवाद।
- क्षमा करें।
- प्लीज (कृपया)।
- मैं कोशिश करूँगा/करूँगी।

- आपकी क्या राय है ?
- कृपया मेरी मदद करें।
- नहीं।

— एक्शन प्लान 5 —

बार-बार संबंधों को बनाए रखने, सौहार्दता की अभिवृत्ति—

- विनम्रता।
- शुभकामना देना।
- ध्यान देना।

— एक्शन प्लान 6 —

लोगों पर विश्वास करें। 96 प्रतिशत लोग बहुत अच्छे हैं—

- पहले स्वयं विश्वासपात्र बनकर लोगों का विश्वास जीतें।
- याद रखें, विश्वास से भय दूर होता है।

— एक्शन प्लान 7 —

अनिवार्य कार्य करें, बेकार के कार्य न करें—

- अपनी गलतियों को स्वीकार करें।
- बहाने मत बनाएँ।
- उम्मीद न लगाएँ कि लोग आपके एहसानमंद होंगे।

काम संपन्न करवाने के लिए स्पष्ट निर्देश दें—

यह अत्यंत आवश्यक है कि कोई भी काम पूरा करने के लिए स्पष्ट निर्देश दें और व्यक्ति चिह्नित करें, ताकि उसकी जिम्मेदारी हो और वह काम पूरा करे। 'यह काम किसी से करवा लो' उस काम के न होने की ओर एक कदम है। ऐसी स्थिति में कोई भी अपने ऊपर जिम्मेदारी नहीं लेता और अंततः काम बिगड़ जाता है।

□

13

ग्राहक बनाना
Handling Customer

प्रत्येक कारोबार का ध्येय ग्राहकों की खुशी है

— विचार 1 —

तीन प्रकार के ग्राहकों से हमारा संबंध होता है—

1. व्यक्तिगत, 2. आंतरिक, 3. बाह्य।

- व्यक्तिगत ग्राहक हमारे प्रियजन होते हैं।
- आंतरिक ग्राहक हमारे एसोसिएट तथा हमारे सहयोगी होते हैं।
- बाह्य ग्राहक हमारे उत्पादों तथा सेवाओं को खरीदते हैं।

— विचार 2 —

डटे रहो या मैदान छोड़ दो—आज विश्व तेज गति से बदल रहा है। तेजी से सब कुछ बदल रहा है। प्रत्येक नई चुनौती का सामना करने तथा शीर्ष स्थान पर बने रहने के लिए केवल चाकू की तेज धार के समान विचार करने पर ही आपको कुछ मदद मिलती है।

हमेशा स्वयं को संघर्ष के योग्य बनाए रखें। प्रत्येक नए विचार को आत्मसात् करें और मिनट-दर-मिनट होनेवाले परिवर्तन के प्रति सचेत रहें,

अन्यथा आपके प्रतिद्वंद्वी आपको कई 'प्रकाश वर्ष' पीछे छोड़ जाएँगे। आज कारोबार चलाना साइकिल चलाने के समान है। आपको आगे ही चलते रहना है, नहीं तो आप गिर जाएँगे और विस्मृति के गर्त में डूब जाएँगे।

अब सरपट भागने के लिए स्वयं को तैयार करें। आगे बढ़ें, बढ़ते रहें। शीर्ष स्थान पर पर्याप्त जगह है, लेकिन वहाँ पर बैठने के लिए कोई जगह नहीं।

— विचार 3 —

यदि दस वर्ष तक कोई ग्राहक संतुष्ट रहता है तो आपको 100 ग्राहक और मिलेंगे—ग्राहक कारोबार का मुनाफा है। इसके अलावा सबकुछ उपरि व्यय (Overhead) है।

याद रखें, 68 प्रतिशत ग्राहक इसलिए चले जाते हैं, क्योंकि उनके प्रति उदासीनता का रवैया अपनाया जाता है। उत्तम कोटि का उत्पाद बेचने के अलावा बिक्री के बाद दी जानेवाली सेवा (सर्विस) का भी बराबर महत्त्व है। यदि आप ग्राहकों की जरूरतों को ध्यान में रखते हुए कार्य करते हैं तो आप जान जाएँगे कि ग्राहक के चेहरे पर मुसकान कैसे आती है ? उसकी मुसकराहट आपके कैश रजिस्टर में बढ़ोतरी लाएगी।

नए ग्राहक बनाने में जितनी मेहनत करनी पड़ती है, विद्यमान ग्राहकों को बनाए रखने में छह गुना ज्यादा मेहनत करनी पड़ती है।

— विचार 4 —

दुष्कर या झगड़ा करनेवाले ग्राहक के साथ सावधानी से पेश आएँ—आपत्ति करनेवाला ग्राहक अँधेरे में आशा की लौ की तरह होता है। वह आपको यह मौका देता है कि आप 'सेल्स के क्षेत्र' से जुड़ी सामर्थ्य शक्ति सिद्ध करें। उसे जीतें और ग्राहकों को संतुष्ट करने तथा कारोबार को अधिक चमकाने की तकनीक को पैना बनाएँ।

किसी कठिन ग्राहक के साथ समझदारी से पेश आएँ। सहानुभूति रखें। उसके अनुसार समाधान निकालें और यह भी देखें कि उसे किस बात पर कष्ट

पहुँचता है। और फिर उसमें सुधार लाएँ। उसे प्रसन्न करने के लिए ऐसी बातों को हटाएँ, जिनसे वह चिढ़ता है।

प्रयास करें कि वह मुसकराते हुए जाए; और शेष परिणामों से निश्चिंत हो जाएँ। आप विश्वास रखें, वह अपने साथ सौ से भी ज्यादा ग्राहक लेकर आएगा।

— विचार 5 —

'टाइगर' के समान निर्भीक सेल्समैन बनें—सोच-समझकर चतुर बिल्ली की तरह कार्य करनेवाला सेल्समैन बहुत बढ़िया तरीके से कार्य करता है तथा प्रारंभ में ही संतुष्टि प्रदान करने लगता है। उसका प्रस्तुतीकरण (प्रेजेंटेशन) भी प्रभावशाली होता है, लेकिन वह बिक्री संबंधी आपत्तियों का जल्दी से जवाब नहीं दे पाता और जब ऑर्डर की बात आती है, तब वह एकदम भीगी बिल्ली की तरह विनीत हो जाता है।

वह हमेशा अपना अच्छा प्रभाव डालने के चक्कर में मुख्य लक्ष्य ऑर्डर प्राप्त करना भूल जाता है।

'निर्भीक टाइगर जैसा सेल्समैन' कड़ा होता है। वह कारोबार के लाभ का ध्यान रखता है, लेकिन वह दृढ़ भी होता है। वह लगातार अडिग रहकर कार्य करता है। वस्तुतः उसकी दृष्टि में प्रत्येक बिक्री आपत्ति अपने उत्पाद के बारे में और अधिक जानकारी देने का सुअवसर है। अंततः हस्ताक्षर करवाने से भी नहीं हिचकिचाता—अर्थात् ग्राहक के हस्ताक्षर भी लेता है।

आगे चलकर टाइगर के अधिक मित्र बन जाते हैं तथा बिक्री में भी वृद्धि होती है।

बिक्री कैसे करें

— विचार 1 —

ग्राहक के अनुसार चलें—क्या आप सफलता का रहस्य जानना चाहेंगे?

जरूरत का पता लगाएँ और उसे पूरा करें।

यदि आप ग्राहक की आवश्यकताओं का पता लगाकर उन्हें संतुष्ट कर देते हैं तो आपके हाथ में ऐसी 'जादू की छड़ी' आ जाएगी कि आपका भाग्य चमक जाएगा।

लेकिन, हम ग्राहक की जरूरतों का कैसे पता लगाएँगे?

उसके नजरिए को देखकर। वह कैसे? यदि आप उसकी जगह होते तो आप क्या चाहेंगे? इस बात का पता लगाएँ। इसे इस तरह से पूरा करें, मानो आपका जीवन इस जरूरत पर निर्भर करता है। (कम-से-कम आपके कारोबार की सफलता इस पर निर्भर करती है, क्या ऐसा नहीं?)

हेनरी फोर्ड ने कहा है, "सफलता का रहस्य अन्य व्यक्ति के दृष्टिकोण तथा उसके नजरिए से चीजों को देखने की योग्यता में छिपा है।"

— विचार 2 —

ग्राहक आपका 'बॉस' है—ग्राहक के अलावा वास्तव में और कोई 'बॉस' नहीं होता। वही एकमात्र 'बॉस' है, जिसे खुश करना है। आपके पास जो कुछ है, उसके लिए उसने कीमत चुकाई है। उसने आपका मकान, कार, कपड़े सब खरीदे हैं—अर्थात् उसके दम पर आपके पास आज इतना सबकुछ है। उसी के बलबूते पर आप छुट्टियाँ मनाते हैं, बच्चों को अच्छे स्कूलों में पढ़ाते हैं। उसी के संतुष्ट होने पर आपको पदोन्नति मिली है। यदि ग्राहक खुश है तो आप आजीवन तरक्की करते रहेंगे और यदि वह आपसे 'नाखुश' है तो आपको नौकरी से हाथ धोना पड़ेगा।

हर चीज ग्राहक के साथ आपके बरताव पर निर्भर करती है।

समूचे जीवन की आधारशिला में यह नियम अंतर्निहित है—कारोबार तथा व्यक्तिगत जीवन की उपलब्धियाँ आपकी सेवा के अनुपात में ही मिलती हैं। अर्थात् मेहनत का जितना गुड़ डालेंगे, उतना ही मीठा होगा। यह मेहनत बॉस अर्थात् ग्राहक की सेवा है।

— विचार 3 —

ग्राहक ही मुनाफा है, इसके अलावा सबकुछ उपरि व्यय (ओवरहैड) है— ग्राहक गले की फाँस नहीं होता। वह हमारी रोजी-रोटी, मक्खन-मलाई है। वह हमारे वेतन और मुनाफे के लिए कीमत चुकाता है।

''ग्राहक ऐसी मुर्गी की तरह है, जो प्रतिदिन सोने के अंडे देती है'''हमेशा! इसलिए उस पर ध्यान दें। सर्वोत्तम सेवा के बीज बोएँ तथा स्वर्ण फसल काटें''बंपर लाभ कमाएँ।''

उपरि व्ययों के अत्यधिक बोझ उठानेवाली कंपनी जल्दी ही धरातल पर आ जाएगी। उपरि व्यय में भारी कटौती करें। मासिक आधार पर कटौती की जाए, न कि वार्षिक। लेकिन ऐसे कार्य न करें, जो हमारे ग्राहकों अर्थात् वास्तविक बॉस से नहीं जुड़ें।

— विचार 4 —

ग्राहक कारोबार है, कारोबार इससे जुड़े लोगों से बना है, ये लोग हमारे ग्राहक हैं—यह अनवरत चक्र है। हम सभी स्वयं द्वारा बनाए गए दायरों में ही घूमते रहते हैं—कोई मध्यम दायरा, कोई बड़ा और कोई छोटा। आपको स्वयं यह फैसला करना है कि आप कितने बड़े दायरे में रहना चाहते हैं। यदि आप अपने चक्र का आकार तय कर लेते हैं तो अब आपको यह तय करना है कि कितनी देर तक यह चक्र घुमाना है। इसकी कुंजी 'जन-संतुष्टि' है।

ग्राहक ही जन समुदाय है तथा इसीलिए यह जरूरी नहीं कि आप अहमदाबाद से एम.बी.ए. करें या आई.आई.टी., कानपुर से बी.टेक.। ग्राहक की संतुष्टि के लिए ये डिग्रियाँ बहुत ज्यादा महत्त्वपूर्ण नहीं है। इस उपलब्धि के लिए बुनियादी तर्क शक्ति और सहज बुद्धि होनी चाहिए।

— विचार 5 —

आपके कारोबार का प्रयोजन ग्राहक बनाना है—अपने ग्राहकों के विश्वासपात्र बनें—इस बारे में यह कहावत चरितार्थ होती है—'ग्राहक जितना

विश्वास करेंगे, वे आपसे उतनी ही खरीदारी करेंगे।' यदि आपको अपने वायदे पूरे करने के लिए घाटा उठाना पड़े तो अपना मुनाफा छोड़ दें। आपने स्वयं सेल्समैन, विज्ञापन, मेलशॉट द्वारा जो कुछ कहा था, उस वचन को कहाँ तक निभाया—यह फैसला ग्राहकों पर छोड़ दें। यह कभी न भूलें कि साधारण सा दिखाई देनेवाला ग्राहक अपने घर में, कारोबार में निर्णय लेनेवाला या प्रभाव डालनेवाला हो सकता है। उसमें विश्वासपात्रता के संबंध में आपके आशय को समझने के लिए पर्याप्त सहज बुद्धि होती है। जब आप यह समझते हैं कि आप उसे चकमा दे सकते हैं, तब आप खुद को बेवकूफ बनाते हैं। निष्पक्ष व्यक्ति बनें और ऐसे कर्मचारियों के साथ प्रति-जाँच करें, जो आपके विचार में संतुलित हैं तथा उनके पास सहज बुद्धि है।

— विचार 6 —

अपने ग्राहकों से लगातार संप्रेषण बनाए रखें—यदि आप इससे सहमत हो जाते हैं कि आपके उत्पाद सभी सवालों का उपयुक्त जवाब हैं, तो आप अपने ग्राहकों से बेहतर ढंग से संप्रेषण कर सकते हैं। यह संदेश आपकी आँखों की चमक तथा आपकी आवाज, बोलने के लहजे से अभिव्यक्त होगा। सरल, सहज तथा सपाट रूप में अपने विचार संप्रेषित करें। जब बंता सिंह आपके शो-रूम में आए तो उसे बताएँ, ''हमसे कम कीमत में खरीदे गए उत्पादों से जो पैसा बचाएँगे, उससे आप अपने बेटे को कॉलेज भेज सकते हैं।''

कैसे सेवा की जाए

— विचार 1 —

आप आपने 100 टॉप ग्राहकों का विशेष ध्यान रखें—आपको अपने ग्राहकों से हमेशा एक बात सीखनी है। अपने शीर्षस्थ 100 ग्राहकों से कुछ-न-कुछ सीखते रहें और साथ ही कमाई करते रहें। मैं कहीं भूल न जाऊँ, 100 कोई जादुई संख्या नहीं। आई.बी.एम. यही करता है। आपके पास 60 या 300

ग्राहक हो सकते हैं, जिनको आप बेहतरीन सेवाएँ प्रदान कर सकते हैं।

— विचार 2 —

ग्राहक पर केंद्रित कारोबार करें—ग्राहक पर केंद्रित कारोबार कैसे किया जा सकता है? बड़ा आसान है। आप इसे अपना एकमात्र लक्ष्य बनाएँ। मुझ पर विश्वास करें, आप कभी गलत नहीं होंगे। क्या होगा? आप अपने ग्राहकों का ज्यादा खयाल रखना शुरू कर देंगे। आपको यकीन हो जाएगा कि आपके कर्मचारी भी ग्राहकों का बेहतर ध्यान रखने लगेंगे।

— विचार 3 —

ग्राहक पर केंद्रित कारोबार विकसित करें—अपने ग्राहकों के साथ पूरे आत्म-विश्वास के साथ पेश आएँ। टोक्यो में मेरे केनन डीलर ने एक मिनट में वारंटी के तहत मेरा खराब कैमरा बदल दिया, जबकि मैं उसके किसी सवाल का जवाब भी नहीं दे पाया। यह कभी न भूलें कि किसी भी कारोबार की नीतियाँ और कार्यविधियाँ ग्राहकों को अधिकाधिक माल बेचने या साख भुनाने के लिए बनाई जाती हैं। लेकिन दुर्भाग्यवश, अकसर न तो सामान बिक पाता है और न ही साख भुना पाते हैं। वस्तुनिष्ठ रूप में, निष्पक्ष रूप में सोचें और अपना 'बुद्धि कवच' (Thinking cap) धारण करके धीरे-धीरे आगे बढ़ें।

— विचार 4 —

ग्राहकों को यथासंभव सर्वोत्तम सेवाएँ दी जाएँ : मीठी बातें करना आसान है, लेकिन लंबे समय तक इससे काम नहीं चलता। ग्राहकों के लिए कुछ करना कठिन है, लेकिन यही तरक्की का एकमात्र हल है। कार्य-निष्पादन और केवल कार्य-निष्पादन से ही मुनाफा कमाया जा सकता है। आपको हमेशा अपने ग्राहक के लिए कुछ-न-कुछ अतिरिक्त कार्य करना है। जब तक आप यह तथ्य याद रखेंगे, आप कभी गलत नहीं होंगे।

— विचार 5 —

ग्राहकों को अपनी समस्याओं का समाधान चाहिए—सोचें तथा ग्राहक की जरूरतों के अनुसार चलें। जब कोई ग्राहक किसी उपकरण की मरम्मत करवाने के लिए आता है तो उस कार्य को अत्याश्यक समझें। व्यवसायी को मात्र मेहनत ही नहीं करनी होती, न ही ग्राहकों को संतुष्ट करने के लिए अधिक 'स्मार्ट' तरीके से कार्य करना है, बल्कि उसे वास्तव में ऐसा करते हुए दिखाई देना चाहिए। ग्राहक को तत्काल यह एहसास होना चाहिए कि जितना उत्पाद की खरीदारी करनेवाले को महत्त्व दिया जाता है, उतना ही महत्त्व सर्विस कराने के समय दिया जाता है तथा उसका खुले दिल से स्वागत किया जाता है।

— विचार 6 —

अपने ग्राहकों के लिए संघर्ष, संघर्ष करें—ग्राहकों से वायदा करने के बाद आप यह मत मान लें कि सबकुछ अपने आप हो जाएगा। मार्ग में आनेवाली बाधाओं को समझें, पीछा करें, हटाएँ। अपने ग्राहकों के लिए संघर्ष, संघर्ष, केवल संघर्ष करें।

ग्राहकों को संतुष्ट कैसे करें

— विचार 1 —

अपने ग्राहकों को ध्यान से सुनें, सुनें और सुनें—आपके ग्राहक जो कुछ कहते हैं, उसे ध्यान से सुनें। अकसर वे छोटी-मोटी शिकायतें लेकर आते हैं, जो उस समय चिंगारी जैसी होती हैं; लेकिन उस चिंगारी को भयंकर आग में भड़काना या निर्णय के रूप में शीतल जल की कुछ बूँदें डालकर उसे राख में बदलना आपके हाथ में है।

— विचार 2 —

आपका प्रत्येक कर्मचारी ग्राहकों से मिलने जाए : कारोबार में प्रत्येक

कर्मचारी प्रत्यक्ष या अप्रत्यक्ष रूप में कुछ-न-कुछ अवश्य करता है। अन्यथा उसका 'वेतन सूची' में नाम क्यों होता? यदि ऐसा है तो फिर कर्मचारी अपने ग्राहकों की शक्ल तक क्यों नहीं देखते?

— विचार 3 —

अपने कर्मचारी के बारे में ग्राहकों से जानें और कर्मचारी पर नियंत्रण रखें— अपने लाभ के लिए स्वयं के प्रति ईमानदारी बरतें। यह जानने की कोशिश करें कि आखिरी बार कब अपने ग्राहकों के माध्यम से आपने यह पता लगाया था कि कर्मचारियों के प्रति उनका व्यवहार कैसा है? यदि आपका जवाब 'कभी नहीं' है तो मुझे यह जानकर आश्चर्य नहीं होगा। लेकिन आपको यहीं पर थम जाने की जरूरत नहीं है। आप फैसला करें कि आप समझ-बूझ से इस दिशा में कार्य करेंगे तथा आप गलत नहीं होंगे।

— विचार 4 —

अपने ग्राहकों की मामूली समस्याएँ आज ही सुलझाएँ—कारोबार गुलाब के फूलों की सेज नहीं है। प्रत्येक व्यवसायी को यह सीखना है कि वह हठी ग्राहकों के साथ कैसे पेश आए। सौभाग्यवश ग्राहक भी जनसाधारण हैं तथा उन पर 80-20 नियम लागू होता है, अर्थात् 80 प्रतिशत तक ग्राहक सही हैं तथा वे बहुत जल्दी क्षमा कर देते हैं और भूल जाते हैं, जबकि 20 प्रतिशत अपनी व्यथा, तकलीफ भुला नहीं पाते। लेकिन यदि आप ग्राहक के साथ ध्यानपूर्वक बरताव करते हैं, उनका खयाल रखते हैं, शुरू में ही मामूली या गौण मुद्दे सुलझा लेते हैं, तो आप बाद में बड़ी समस्याओं को रोक सकते हैं।

— विचार 5 —

असंतुष्ट ग्राहक आपके सर्वश्रेष्ठ शिक्षक हैं—आपको असंतुष्ट ग्राहकों

की तलाश करनी होगी, क्योंकि वे ढोल बजाकर यह नहीं बताते फिरते कि 'मैं असंतुष्ट हूँ।' आपको लगातार तलाश करनी होगी। अपने चारों ओर लगातार टोह लगानी होगी। आप अपने महत्त्वपूर्ण कर्मचारियों के माध्यम से, अपने ग्राहकों के माध्यम से तथा बैंकर्स जैसे अन्य एसोसिएट्स के माध्यम से ऐसा कर सकते हैं। और जब आप ऐसे कुछ ग्राहकों का पता लगा लेते हैं तो आपकी एक-तिहाई समस्या हल हो जाती है।

— विचार 6 —

अपने ग्राहक को कब 'ना' कहना है—आप अपने ग्राहकों की आवश्यकताएँ पूरी कर सकते हैं, लेकिन उनका लालच पूरा नहीं कर सकते। कभी-कभी आपका लालची ग्राहकों से पाला पड़ता है। जब कभी आपको 'जरूरतमंद' तथा 'लालची' ग्राहकों के बीच फैसला करने में कठिनाई का सामना करना पड़े, तो अपने पी.डी.एम. (पॉकेट डिसीजन मेकर) का इस्तेमाल करें—अर्थात् सिक्का उछालें और शेष ईश्वर पर छोड़ दें। भला करेगा राम! अकसर कभी-कभी गलत निर्णय लेना कोई निर्णय न लेने से कहीं बेहतर होता है या विलंब से निर्णय लेने की बजाय गलत निर्णय अधिक सही प्रमाणित होता है।

— प्रेरक कहानी —

नदी के उस पार से...उत्तम बिक्री कथा!

स्कूल के दिनों में मैं अकसर छुट्टियाँ बिताने अपने मूल निवासस्थान जाता था। यह छोटा सा कस्बा था, जो नदी के किनारे बसा था। शाम को मैं अकसर अपने लोकल बाजार में घूमने जाता था और विक्रेताओं को सामान बेचते देखता था। सब्जी बेचनेवालों में से मैंने छोटे से लड़के को बैंगनों की टोकरी लिये देखा। वह अन्य बैंगन बेचनेवालों के साथ बैठा था। मैं उसे रुचि के साथ देखता रहा; क्योंकि वह इतना छोटा था तथा बेचारा लग रहा था, जबकि अन्य सब्जी बेचनेवाले अधिक अनुभवी थे, जो उससे ज्यादा बिक्री कर

रहे थे। इसकी वजह चालाकी से आगे बढ़कर माल बेचने की प्रवृत्ति थी। वह छोटा सा लड़का कुछ भी नहीं बेच पा रहा था। कुछ दिनों तक मैं देखता रहा कि छोटा सा लड़का उदास होकर बिन बिके बैंगनों के साथ घर लौट जाता था। एक दिन मैंने सुना, वह चिल्ला रहा था—

"चार आने के सेर बैंगन! सबसे बढ़िया बैंगन! नदी पार से लाए गए बैंगन! जी हाँ, उस पार से…।"

कुछ ही मिनटों में वह सारे बैंगन बेच चुका था। दूसरों के बैंगन भी उतने ही बढ़िया थे। वह कम कीमत पर बैंगन नहीं बेच रहा था। फिर भी वह सबसे ज्यादा बैंगन बेच रहा था, क्योंकि उसने अपने बैंगनों की अलग क्वालिटी बताई थी।

मेरी उत्सुकता बढ़ गई। मैं उसके पास यह पता लगाने के लिए गया कि उसने इतनी बड़ी जीत कैसे हासिल की? उसने अपनी यह व्यथा सुनाई कि जब वह बिन बिके बैंगनों के साथ घर लौटता था, तब उसके पिता उसे पीटते थे और कहते थे, "तुम निकम्मे तथा बेकार हो।" एक दिन उसके पिता ने उसे आखिरी बार चेतावनी दी कि यदि उसने बैंगन नहीं बेचे तो उसे नदी पार करके घर लौटने की जरूरत नहीं है। वह उसी ओर ही रह जाए।

लड़के ने कहा, "और मुझे यह खयाल आया कि मैं और मेरे बैंगन नदी पार के हैं।"

— प्रेरक कहानी —

हयात होटल में महिला द्वारपाल

जब एक खूबसूरत लड़की ने मेरे लिए द्वार खोला, तब मैं हैरान हो गया। उसके चेहरे पर मुसकान थी और मैं उसके चेहरे पर झलकती अपने कार्य के प्रति खुशी को देख सकता था। वह बिलकुल गुड़िया जैसी लग रही थी। गेट पर लंबे-चौड़े सरदारजी तथा लंबे-ऊँचे पुरुषों की जगह रचनात्मक समाधान! फिर भी, होटल के मूर्खतापूर्ण नियमों के कारण मेरे साथ बुरा बरताव हुआ। उसने होंडा सिटी में मेरे ड्राइवर को अंदर आने की इजाजत नहीं दी। वह लॉबी से मेहमान को लिवा लाने के लिए पोर्च में मेरी प्रतीक्षा नहीं कर सकता था।

वहाँ पर भीड़ भी नहीं थी। उनकी अपनी वैभवपूर्ण कारें शान से खड़ी थीं। कभी-कभी पाँच-सितारा होटलों में ग्राहकों के साथ सही व्यवहार नहीं किया जाता। ऐसा ही अनुभव मुझे 'ताज पैलेस' में भी मिला था; क्योंकि कोई वी.आई.पी. व्यक्ति आ रहा था, और उन्होंने बड़े रूखेपन से मुझे और मेरे ड्राइवर को चले जाने के लिए कहा।

एक सिक्योरिटी मैन ने तो मेरे ड्राइवर को धक्का भी मार दिया। मुझे ऐसा महसूस हुआ कि ये सिक्योरिटीवाले इनसान नहीं, रोबोट हैं।

ऐसा ही अनुभव मुझे न्यूयार्क के एक बड़े स्टोर में मिला। मेरे बेटे ने मेरे लिए तीन सूट खरीदने का फैसला किया। हम सूट चुन रहे थे। सेल्समैन ने सख्ती से बताया कि जाँच करने के लिए मैं सूट नहीं फैला सकता। वह इसी बात पर अड़ा रहा कि इन कपड़ों को केवल रैक पर ही लटकाया जा सकता है। क्यों? क्योंकि उसका सुपरवाइजर निरीक्षण के लिए आ रहा था और यहाँ 'हाउस कीपिंग' का बहुत अधिक महत्त्व है। कुछ भी कहे बिना हम बाहर आ गए।

— प्रेरक कहानी —

अपने छोटे-मोटे या मामूली ग्राहकों का भी उचित सम्मान करें

ओसाका में मिठाई की एक मशहूर दुकान थी। इस दुकान की खासियत थी कि इस दुकान में मिठाई के दाम बहुत ऊँचे थे। इस दुकान का मालिक हमेशा दुकान के पीछे बैठा रहता था तथा ग्राहकों से कभी भी बात नहीं करता था। ग्राहक चाहे कितना भी अमीर क्यों न हो!

एक दिन एक गरीब व्यक्ति दुकान पर आया। उसके कपड़े फटे-पुराने थे। बाल बिखरे हुए थे। वह गरीब बहुत सोच-विचार करके दुकान पर आया। काउंटर पर गरीब के पहुँचने से पहले ही दुकानदार पिछले कमरे से दौड़ता आया, अपने सेल्समैन को पीछे धकेल दिया तथा बड़े सम्मान और रुचि से गरीब का स्वागत किया। मिठाई के एक पीस की कीमत चुकाने के लिए गरीब की धैर्य से प्रतीक्षा करता रहा, जो जेब से रेजगारी निकालकर धीरे-धीरे गिन रहा था।

दुकानदार ने विनम्रतापूर्वक उस गरीब को मिठाई का एक टुकड़ा दिया। जब वह दुकान से जाने लगा तो दुकानदार ने सम्मान में सिर झुकाया।

जब वह गरीब ग्राहक चला गया तो सेल्समैन अपने पर काबू नहीं रख पाया और उसने दुकानदार से प्रश्न किया कि उन्होंने गरीब को इतना महत्त्व क्यों दिया, जबकि अमीर ग्राहकों के आने पर कभी भी वह उनकी परवाह नहीं करता था।

दुकानदार ने जवाब दिया, "उस गरीब ने अपनी जमा-पूँजी खर्च करके हमारा वास्तव में मान बढ़ाया है, भले ही उसे मिठाई का एक ही टुकड़ा खरीदना था। वह वास्तव में हमारी मिठाई का कद्रदान है। अमीर लोगों के लिए हमारी दुकान की मिठाइयाँ स्वादिष्ट हैं; लेकिन उनकी नजर में हमारी मिठाई का उतना मूल्य नहीं, जितना इस गरीब ग्राहक के लिए है।"

पेशेवर सेल्समैन को प्रतिदिन और हर तरीके से 'बिक्री कौशल' विकसित और सुदृढ़ करना चाहिए

1. बिक्री का आसान गुरु मंत्र है—'सोचो, पूछो, करो'।
2. बिक्री क्या है ?—संभ्रांत प्रोफेशन तथा प्रोफेशनल को साहित्य/पुस्तकें पढ़नी चाहिए।
3. बिक्री क्या है ?—बेचने, सेवा, संतुष्टि के 'सरल बेहतर' तरीके।
4. बिक्री क्या है ?—लोगों के साथ घुल-मिल जाना।
5. बिक्री क्या है ?—लोगों की बात ध्यान से सुनना, बड़े काम और लक्ष्य पर केंद्रित आँखें।
6. बिक्री क्या है ?—'5 से 9' बजे तक काम करने का रवैया, न कि '9 से 5' बजे तक कार्य करने की प्रवृत्ति।
7. बिक्री क्या है ?—लोगों को क्षमा करना।
8. बिक्री प्रवृत्ति क्या है ?—पहले स्वयं को बदलना।
9. बिक्री प्रवृत्ति क्या है ?—प्राथमिक आधार पर कार्य करना, पूर्वानुमान (Prospecting), अनुवर्ती काररवाई, समापन।

10. बिक्री प्रवृत्ति क्या है?—ग्राहक अभिमुख कारोबार बनाने के लिए नए-नए तरीकों के बारे में सोचना।
11. बिक्री प्रवृत्ति क्या है?—धीरे-धीरे और लगातार श्रम करनेवाले की जीत होती है।
12. बिक्री प्रवृत्ति क्या है?—'लेन-देन, देन-लेन'।
13. बिक्री प्रवृत्ति क्या है?—सफलता यात्रा है, न कि गंतव्य स्थल।

— प्रेरक कहानी —

श्रेष्ठ सेल्समैन कभी हार नहीं मानता

एक बार एक सेल्समैन को भूख लगी थी। वह गाँव से गुजर रहा था। उसने जंगल के दूसरी ओर एक छोटी सी झोंपड़ी में रोशनी देखी। उसने दरवाजा खटखटाया। एक किसान ने दरवाजा खोला।

सेल्समैन : मुझे बहुत भूख लगी है। दोस्त, क्या तुम्हारे पास कुछ खाने को है?

किसान : जाओ, जाओ! अब बहुत देर हो गई है और हमारे पास अब तुम्हें देने के लिए कुछ भी नहीं है।

सेल्समैन : मेहरबानी करके...थोड़ा सा पानी और बरतन दे दो।

किसान : पानी और बरतन! क्यों?

सेल्समैन : मैं पत्थर का सूप बनाऊँगा।

किसान : (सोचते हुए) पत्थर का सूप! उसके बाद?

किसान की पत्नी : लेकिन, मैं सोचती हूँ कि यह व्यक्ति जो चाहता है, इसे देने में कोई हर्ज नहीं।

किसान राजी हो गया।

सेल्समैन : शुक्रिया। मैं आपके यहाँ चूल्हा जलाकर यह बरतन उस पर रख दूँ तो आप बुरा तो नहीं मानेंगे?

किसान की पत्नी : ओह, ठीक है, आप अंदर आ जाएँ।

(किसान गुस्से में तमतमा रहा था। उसकी पत्नी ने चूल्हे पर पानी चढ़ा दिया तथा सेल्समैन को रसोईघर में ले गई।)

सेल्समैन : अब मैं यह पत्थर पानी में डाल देता हूँ और जब तक यह पक नहीं जाता, तब तक इसका इंतजार करूँगा।

(किसान और उसकी पत्नी बैठकर उस अजीब व्यंजन को पकते देखने लगे।)

(थोड़ी देर बाद सेल्समैन ने बरतन का ढक्कन उठाया और झाँककर देखने लगा।)

सेल्समैन : इसे चखकर देखता हूँ…आह!…(थोड़ी देर बाद) लेकिन इसमें थोड़ा नमक डालने की जरूरत है।

किसान की पत्नी : थोड़ा रुको, मैं थोड़ा सा नमक देती हूँ…। (सेल्समैन ने नमक डाल दिया।)

सेल्समैन : मुझे यह दोबारा चखना चाहिए! आप क्या सोचते हैं?

किसान : (किसान बेचैन हो रहा था।) हाँ-हाँ, लेकिन जो भी करना है, जल्दी-जल्दी करो!

किसान की पत्नी : क्या यह बहुत स्वादिष्ट है?

सेल्समैन : हाँ! लेकिन कैसा रहे, यदि स्वाद बढ़ाने के लिए प्याज डाल दिया जाए?

किसान : भाग्यवान्, जाओ और इसे जल्दी से प्याज लाकर दो, नहीं तो यह सारी रात यहीं बैठा रहेगा।

(किसान की पत्नी गई और जल्दी ही कटे हुए प्याज लाकर सूप में डाल दिए।)

सेल्समैन : (बाद में) इसमें बहुत ज्यादा समय लग रहा है। मुझे दोबारा कोशिश करनी चाहिए। मैं कुछ तरकीब

		सोचता हूँ।
		(चखने के बाद) लजीज! लेकिन क्या हो, यदि इसमें गाजर और आलू डाल दिए जाएँ…।
किसान	:	(अब किसान को भी भूख लगने लगी।) थोड़ा रुको। मैं कुछ लाकर देता हूँ…।
		(किसान आलू और गाजर लेकर आ गया और जल्दी ही सूप उबलने लगा।)
किसान	:	क्या तुम्हें दोबारा सूप नहीं चखना चाहिए?
सेल्समैन	:	बहुत अच्छे! आपको भी मेरा साथ देना होगा…लेकिन क्या आप मुझे थोड़े से करी पत्ते और काली मिर्च लाकर दे सकते हैं?
किसान की पत्नी	:	क्यों नहीं! (अब पूरे घर में खुशबू फैल गई। सूप तैयार था।)
सेल्समैन	:	मेहरबानी करके तीन कटोरियाँ व चम्मच ला दें और आइए, अब इस सूप का आनंद उठाते हैं।
किसान की पत्नी	:	इसमें थोड़ी सी 'ब्रैड' भी डाली जा सकती है।
		(अंततः वे सभी खाने के लिए बैठ गए।)
किसान	:	लजीज!
किसान की पत्नी	:	आपने यह सब कैसे बनाया?
सेल्समैन	:	यह मेरे इस पत्थर के टुकड़े का कमाल है।
किसान की पत्नी	:	क्या हम इसे पास से देख सकते हैं?
सेल्समैन	:	सॉरी, मेरे अच्छे मित्रगण! अब इस रहस्य को बना रहने दें! शुक्रिया!

□

14

सीखना
Learning

ध्यान से सुनकर, आत्म-विचार, पुस्तकों तथा लोगों से सीखें

— एक्शन प्लान 1 —

भले ही अब आपके पास पढ़ने का समय न हो, तब भी आप अपने बुक शेल्फ के लिए पुस्तकें खरीदें—क्या आपकी अपनी पुस्तकों की अलमारी (बुक शैल्फ) है ? मैं गंभीरतापूर्वक यह प्रश्न पूछ रहा हूँ। यदि बुक शेल्फ नहीं है तो आज ही शुरुआत कर दें।

शब्दकोश, निर्देशिकाएँ, संदर्भ ग्रंथ, येलो पेज; आपकी रुचि की पुस्तकें…आत्म-विकास, उद्योग आदि से संबंधित पुस्तकें आप अपनी अलमारी में सजा सकते हैं।

अपने बॉस को इस ओर प्रोत्साहित करें कि वह भी अपना 'बुक शेल्फ' बनाना शुरू कर दें। पुस्तकों के बारे में सुझाव दें। एक एहतियात—यह कार्य तभी करें, जब आप अपने तथा उसके कार्य से अप-टू-डेट हैं।

घर पर पढ़ें। संभव नहीं ? ठीक है, तब आप अपने समय पर नजर दौड़ाएँ। टी.वी., रेडियो, समाचार-पत्र और पत्रिकाओं पर उतना ही समय दें, जितना जरूरी

हो। यदि आप अपनी नौकरी तथा उद्योग के बारे में एक ही पुस्तक पढ़ पाते हैं तो आपको खुश होना चाहिए। कहने का तात्पर्य यह नहीं कि आपको कितनी पुस्तकें पढ़नी हैं, बल्कि आशय यह है कि कुछ तो पढ़ें!

— एक्शन प्लान 2 —

ध्यान से सुनकर, समझकर, विचार करके सीखें—आपका मस्तिष्क विचारों की फैक्टरी है। इसमें अच्छे तथा बुरे दोनों प्रकार के विचार उत्पन्न होते हैं। 'प्रोडक्शन मैनेजर' के नाते आप इस फैक्टरी में श्रेष्ठ विचारों की आपूर्ति करें, ताकि आपको सर्वोत्तम परिणाम मिलें। जैसा माल फैक्टरी में आएगा, वैसा ही उत्पाद निर्मित होगा।

लेकिन हममें से अनेक इसके प्रतिकूल चलते हैं—'बुरे विचार, बुरे परिणाम'!

यदि आप उपन्यास पढ़ना पसंद करते हैं तो अपने उद्योग से जुड़े उपन्यास पढ़ें। अपने दोस्तों को परखें। अपने बॉस, अपने सहयोगियों को परखें। पहले विषय-वस्तु पढ़ें। आपको पृष्ठ-दर-पृष्ठ पढ़ने की जरूरत नहीं है। जो आपको अच्छा न लगे, उसे छोड़ दें।

चुटीले व्यंग्यात्मक वाक्य इकट्ठे करें। इसमें बुद्धिमत्ता निहित होती है। कहावतें, घटनाएँ, कहानियाँ; विचारों की अपनी पुस्तक तैयार करें। हमेशा सतर्क रहें और जब भी श्रेष्ठ विचार पढ़ें, उसे ग्रहण कर लें।

— एक्शन प्लान 3 —

अपने मन-मस्तिष्क में 'शून्यता' न आने दें (खाली दिमाग शैतान का घर)। आत्म-विश्वास उत्पन्न करना चाहते हैं तो अपने दिमाग को खाली मत रहने दें। जब आपके दिमाग को समुचित मानसिक आहार (विचार) मिलता है तो आपका आत्म-विश्वास भी बढ़ेगा। ठीक वैसे ही जैसे शरीर को स्वस्थ तथा मजबूत बनाने के लिए समुचित भोजन की आवश्यकता होती है।''' अपने लक्ष्य पर फोकस होने, एकाग्रचित्त होने के लिए जरूरी है कि दिमाग को सद्विचारों

से भरकर रखें। आपको स्वयं से यह प्रश्न पूछना है तथा यथासंभव ईमानदारी से जवाब देना है कि—"यदि आप यह जानते होते कि आप असफल नहीं हो सकते तो आप अपने जीवन में क्या करते?" यदि आप इस सवाल का जवाब दे देते हैं, तो आप अपने ज़ीवन के मिशन की ओर अग्रसर हो सकते हैं।

तो…आप दिन-प्रतिदिन माह-दर-माह तथा अंततः स्वयं द्वारा निर्धारित अवधि में अपने 'मस्तिष्क का खालीपन' कैसे भर सकते हैं तथा सत्प्रवृत्ति का कैसे निर्माण कर सकते हैं? मेरे अनुभव के मुताबिक, सबसे ज्यादा सरल और कारगर तरीका होगा—

1. सकारात्मक, प्रेरणादायी तथा अभिप्रेरक पुस्तकें और पत्रिकाएँ ज्यादा-से-ज्यादा पढ़ें;
2. काम करते समय या आराम के क्षणों में कार, घर, कार्यालय में ओडियो टेप सुनें।
3. ऐसे लोगों की जीवन-गाथाओं का अध्ययन करें, जिनसे सकारात्मक संदेश मिलता है तथा सबको सुनाएँ, खासतौर पर उस क्षेत्र में, जो आपने चुना है।

हम सभी ने यह कहावत सुनी है—'जैसा खाओ अन्न, वैसा बने मन'। यही बात मस्तिष्क पर भी लागू होती है। जिस बारे में आप लगातार सोचते हैं, वैसे ही आप बन ज़ाते हैं…(एक-दो क्षण के लिए सोचें)। आप अपने मन-मस्तिष्क में जिस विचार को प्रवेश करने देते हैं, चाहे सकारात्मक हो या नकारात्मक, उसका आपके कार्यों पर प्रभाव पड़ेगा। आप वही हैं, जैसा आप अपने बारे में सोचते हैं। लोगों का आपके जीवन पर अत्यधिक प्रभाव पड़ सकता है। मेरा विश्वास है कि जो लोग आपके दिल-दिमाग में छाए रहते हैं, आप वही बन जाते हैं। जैसी आपकी संगति होगी, जिनके साथ आप विचारों का आदान-प्रदान करते हैं। आप वैसे ही बन जाते हैं।

क्या आप ऐसे लोगों या ऐसे व्यक्ति से कभी नहीं मिले, जिन्होंने आप में और आपके आस-पास अन्य लोगों में ऊर्जा का ऐसा संचार किया हो, मानो तन-मन में बिजली की लहर-सी दौड़ पड़ी हो? वे कहते हैं, 'आत्म-विश्वास

संचरणशील होता है।' हमेशा ऐसे लोगों के बीच बैठें, जिनकी सकारात्मक सोच हैं कि 'हम ऐसा कर सकते हैं।' यदि आपको ऐसे लोग नहीं मिलते तो आप सकारात्मक पुस्तकों, पत्रिकाओं, ऑडियो टेप में डूब जाएँ। अंतत: स्वत: ही सत्प्रवृत्ति या सकारात्मक सोचवाले लोग आपके प्रति आकृष्ट होंगे।

पहले यह कार्य करना कठिन होगा। याद रहे कि हर व्यक्ति की किसी-न-किसी स्तर पर समस्याएँ हो सकती हैं। लेकिन महत्त्व इस बात का है कि आप कैसे प्रतिक्रिया करते हैं, जिससे आपके जीवन स्तर में फर्क पड़ सकता है। हमें अनुशासनबद्ध होना चाहिए, ताकि अपने जीवन से नकारात्मक लोगों को हटा सकें। अकसर हम यह महसूस नहीं कर पाते कि हम मिलनसार बनने के लिए अपने आस-पास उन लोगों से कैसे प्रभावित होते हैं जिनके साथ कार्य करते हैं तथा अपना कीमती समय बिताते हैं। इस समस्या का बड़ा सरल समाधान है—'ऐसे लोगों के बीच में रहें, जिनसे आपके विचार मिलते हैं।'

जिस दिन आप सीखना बंद कर देते हैं, उस दिन से आपकी कद्र कम होने लगती है तथा झुँझलाहट व निराशा का दौर आरंभ होने लगता है और संतुष्टि का स्तर गिरने लगता है।

सफलता का रहस्य यही है कि खुशी और गम आप पर हावी हों, इससे पहले खुशी और गम पर हावी होना सीखें। यदि आप ऐसा कर लेते हैं तो जीवन की बागडोर आपके हाथ में होगी।

यदि आप अपने जीवन पर नियंत्रण नहीं रख पाते तो यह जीवन आप पर सवार हो जाएगा।

जो व्यक्ति सीखना बंद कर देता है, वह बूढ़ा है, चाहे उसकी आयु बीस वर्ष हो या अस्सी। जो व्यक्ति सीखता रहता है, वह जवान है। जीवन में महान् वस्तु यही है कि अपने मन-मस्तिष्क को जवान रखें।

—हेनरी फोर्ड

सीखना अनिवार्य प्रक्रिया नहीं है, न ही जीने के लिए जरूरी है—

1. सकारात्मक माँगें नहीं, न ही उधार लें; अपनी सकारात्मक स्वयं खरीदें। इससे आपके मन में सकारात्मक भाव उत्पन्न होंगे। आपके व्यक्तित्व

तथा चरित्र और आत्म-विश्वास में इनकी महत्त्वपूर्ण भूमिका है।

2. धैर्य रखना सीखें।
3. पुस्तकें आपको नौकरी के योग्य, पदोन्नति के योग्य बनाती हैं। वे आपके व्यक्तित्व में ऐसा निखार लाती हैं कि आपको कार्य से हटाया नहीं जा सकता।
4. लगातार सीखते रहना सीखें।
5. सुनकर सीखें, विचार करके समझें।
6. गुजरात में पुराने जमाने के एक मकान में रहनेवाला एक वृद्ध व्यक्ति बयासी वर्ष की आयु में स्नातक बना।
7. जो व्यक्ति अच्छी पुस्तकें नहीं पढ़ते, वे उन लोगों से अधिक बेहतर स्थिति में नहीं होते, जो कुछ कर नहीं सकते।
8. सीखने से रचनात्मकता आती है, रचनात्मकता से विचारणा, विचारणा से ज्ञान प्राप्त होता है तथा ज्ञान आपको महान् व्यक्ति बनाता है।
9. पढ़े-लिखे होने से अच्छा है, पढ़ते-लिखते रहना।
10. अनपढ़ वे नहीं, जो पढ़ नहीं पाते, बल्कि वे हैं, जो सीखना नहीं चाहते।
11. पड़े रहने से अच्छा है, कुछ पढ़ लेना।
12. अगर पड़े रहोगे तो आगे चलकर और पड़ेगी।
13. मैं यह नहीं कर सकता, करना नहीं आता या करना नहीं चाहता।

— प्रेरक कहानी —

कृष्ण ने अर्जुन की थोड़ा सा कम ईमानदार होने में मदद की

जब अर्जुन को सिंधु-नरेश के हाथों षड्यंत्र से अपने पुत्र अभिमन्यु के वध की खबर मिली, तब उसने प्रतिज्ञा की कि वह अगले दिन सूर्यास्त होने से पहले सिंधु-नरेश को मार देंगे, अन्यथा आत्मदाह कर लेंगे।

सुनने में यह सब अच्छा लगता है। लेकिन उसके गुरु और मित्र कृष्ण ने

युद्ध के दौरान अगले दिन उसे काफी उत्प्रेरित करनेवाले वचन कहे। अर्जुन अपना लक्ष्य पाने के लिए चिंताग्रस्त था। वह अपनी ओर से भरसक प्रयास कर रहा था, लेकिन एक आँख आकाश में सूर्य की स्थिति पर टिकी थी।

'महाभारत' में अर्जुन भ्रमित मन में उलझे रहे; लेकिन वे इतने समझदार थे कि अपने मित्र भगवान् श्रीकृष्ण से परामर्श जरूर लेते थे।

श्रीकृष्ण के बिना अर्जुन कुरुक्षेत्र का युद्ध नहीं छेड़ सकते थे। उनके बिना वे सिंधु-नरेश को नहीं मार सकते थे। यदि श्रीकृष्ण थोड़ी देर के लिए सूर्य को छिपाने की चाल नहीं चलते तो अर्जुन का वचन कैसे पूरा होता?

श्रीकृष्ण ने अर्जुन को जो कुछ बताया, वह प्रबंधकों के रूप में हमारे लिए शिक्षाप्रद होने के साथ-साथ महत्त्वपूर्ण भी है : "अपना लक्ष्य हासिल करने के लिए ऐसी मूर्खता भरी सीमा तय करने की क्या जरूरत थी? अर्थात् स्पष्ट विजन के साथ अपने लक्ष्य पर फोकस होने की बजाय हमारी दृष्टि धुँधली है (अर्थात् सूर्यास्त)।" अर्जुन श्रीकृष्ण के सशक्त एवं प्रभावशाली प्रवचन सुनते रहे और कई बार अपनी गलती मानी।

परिश्रम करने के लिए प्रेरणा और अथक प्रयास (Perspiration) के लिए हमारा अंतिम एवं सर्वाधिक महत्त्वपूर्ण बिंदु समय सीमा है। लेकिन यदि इस प्रक्रिया में आप स्वयं को मार देते हैं या अपने साथ काम कर रहे अन्य लोगों को मार देते हैं, तो ऐसा करना उचित नहीं। लक्ष्य उपलब्धि आनंददायी होनी चाहिए। यह ऐसी यात्रा होनी चाहिए, जिसमें आप आनंद का अनुभव कर सकें, न कि यात्रा में ऐसी भागमभाग हो, मानो यह कोई यातना हो! इस बारे में सोचें। यही रहस्य है।

— प्रेरक कहानी —

जब श्रीमती हेनरी फोर्ड ने श्री फोर्ड को छोड़ने की धमकी दी

यहाँ अकबर और बीरबल की कहानी बताई जा रही है, जिसमें प्रतिभा का सही उपयोग दरशाया गया है। जबकि इसके विपरीत मेरे प्रतिभाशाली मित्र

को राजपूतानी मूँछों की वजह से नौकरी से हाथ धोना पड़ा था। यह कहानी आज के जमाने के अकबर और बीरबल, फोर्ड तथा लैकोका की कहानी है। हेनरी फोर्ड सज्जन व्यक्ति थे, जो अपने पिता की अप्रत्याशित मृत्यु के बाद 28 वर्ष की आयु में फोर्ड मोटर कंपनी के अध्यक्ष बन गए थे।

(संयोगवश 78 वर्षीय दादी माँ ने यह धमकी दी थी कि यदि उसके पोते को अध्यक्ष नहीं बनाया जाता तो वह हेनरी फोर्ड सीनियर को छोड़ देगी। यू.एस.ए. में इतना प्रोफेशनलिज्म!) युवा हेनरी फोर्ड ने अपनी कंपनी के लिए हरसंभव प्रयास किया। वह अपनी प्रतिभा, क्षमता तथा अनुभव की कमी से भलीभाँति परिचित थे। उन्होंने एयरफोर्स सांख्यिकीय नियंत्रण विशेषज्ञों के समूह 'व्हीज किड्स' को अपने यहाँ रख लिया। इसमें रॉबर्ट मैकनामरा भी शामिल थे। शेष कहानी सामने है। फोर्ड प्रतिस्पर्धावाले बाजार में टिके ही नहीं रहे, बल्कि उन्होंने इसमें सर्वोच्च स्थान भी प्राप्त किया।

तीन दशक तक सफल कैरियर के बाद 1980 के दशक में लैकोका का फोर्ड से झगड़ा हो गया। फोर्ड ने उसे नौकरी से निकाल दिया। क्यों? हो सकता है, लैकोका बीरबल जितना चतुर न हो! लैकोका को वास्तव में गुस्सा आ गया। वह फोर्ड को हराना चाहते थे। तथापि लैकोका की पत्नी ने सुझाव दिया कि उसके पति फोर्ड को बाजार में हराएँ। शेष कहानी 'लैकोका' की है। इस पुस्तक की 60,00,000 प्रतियाँ बिकीं। उसने क्रिस्लर की गाथा ही नहीं दोहराई, बल्कि ऐसे राज्य में अद्भुत सफलता हासिल की, जिसकी जड़ों में स्वतंत्रता का मूल्य निहित है तथा उसने समूचे विश्व में प्रबंधन की संकल्पना ही बदल दी।

— प्रेरक कहानी —

द्रोणाचार्य तथा एकलव्य से सीखें

'महाभारत' में द्रोणाचार्य महानतम गुरु थे। वह केवल राजकुमारों को ही शिक्षा देते थे। इसलिए द्रोणाचार्य ने एकलव्य को शिक्षा देने से मना कर दिया, जो दलित था।

एकलव्य ने द्रोणाचार्य की मूर्ति बनाकर अभिप्रेरणा ली और धनुर्विद्या का अभ्यास करने लगा। प्रेरणा, स्व-अभिप्रेरणा—आगे चलकर उस पर धनुर्विद्या का जुनून छा गया।

एक बार द्रोणाचार्य आश्रम में ध्यान लगाए बैठे थे। उस समय चारों ओर एक कुत्ता भौंकता फिर रहा था। अचानक कुत्ते के भौंकने की आवाज बंद हो गई। द्रोणाचार्य जानने के लिए उत्सुक थे। जब वह आश्रम से बाहर आए, उन्होंने देखा कि कुत्ते का खुला मुँह तीरों से भरा पड़ा था। वह पता लगाने लगे कि यह कार्य किसने किया है?

एकलव्य विनम्रतापूर्वक महान् गुरु के सामने आकर खड़ा हो गया।

द्रोणाचार्य : तुम्हें ऐसी शिक्षा किसने दी?

एकलव्य : द्रोणाचार्यजी ने।

द्रोणाचार्य : मैं द्रोणाचार्य हूँ, मेरी गुरुदक्षिणा कहाँ है?

एकलव्य : कृपया आदेश दें तथा मुझे ऐसा करने का सौभाग्य दें।

द्रोणाचार्य : अपने दाएँ हाथ का अँगूठा दे दो।

एकलव्य ने तुरंत ऐसा करके गुरुदक्षिणा दे दी। मेरे लिए वह कलियुग था, न कि रामराज! कृपया अपने दिमाग की खिड़कियाँ खोल दें!

□

15

क्षमा

Forgiving

जब आप क्षमा करके किसी की गलती भूल जाएँगे, तब आप और अधिक सुखी होंगे

— एक्शन प्लान 1 —

क्षमादान को अपनी स्थायी प्रकृति/प्रवृत्ति बनाएँ—मैं स्वार्थी व्यक्ति हूँ, क्योंकि मैं हमेशा बहुत ज्यादा खुश रहना चाहता हूँ। अपने लक्ष्य की प्राप्ति के लिए मैं क्षमा करने तथा भूल जाने का मार्ग अपनाता हूँ। जैसे को तैसा कहावत अच्छी लगती है, लेकिन इससे प्रत्येक व्यक्ति विवेकशून्य हो जाता है। इसका कोई औचित्य है? कुछ मामलों में ऐसा हो सकता है, ताकि गलतियों की पुनरावृत्ति न होती रहे। प्रत्येक व्यक्ति सोच-विचार करने के बाद इस बारे में निर्णय ले सकता है। व्यक्ति को दूसरे की गलती भूल जाने की भी जरूरत होती है। स्मृति श्रेष्ठ शक्ति है, लेकिन विस्मृति भी श्रेष्ठतर होती है।

कुछ मामलों में प्रतिशोध आवश्यक होता है, लेकिन विरले-से-विरले मामलों में ही ऐसा करना जरूरी होता है। हमें किसी कार्य के मूल में निहित व्यक्ति के आशय पर भी ध्यान देना होता है। प्रतिशोध कुत्ते को काटने के

समान है, क्योंकि कुत्ते ने आपको काटा है। आपको यह नहीं भूलना चाहिए कि आपको यह सुनिश्चित करना है कि आपको कुत्ता दोबारा न काटे। जवाब में उसे काटने की बजाय इस घटना से कुछ सीखें।

— एक्शन प्लान 2 —

दूसरों की, यहाँ तक कि अपने बॉस की, अनेक कमियों को भूल जाएँ; लेकिन अपनी कमियों को मत भूलें—जब अन्य लोग आपको माफ नहीं कर सकते, तब आप ही दूसरों को क्षमा क्यों करें? अच्छा सवाल है। यदि आप अपनी क्रोधाग्नि में उबलना चाहते हैं तो बहुत अच्छा, ऐसा ही करें। जहाँ तक मेरा सवाल है, जैसा कि मैं पहले कह चुका हूँ, मैं स्वार्थी हूँ; मैं खुश रहना चाहता हूँ, इसलिए अपने मूर्खता भरे विचारों में जलना-भुनना नहीं चाहता।

यदि आप मित्रों को माफ नहीं करते तो एक ऐसा दिन आएगा जब आपका कोई मित्र ही नहीं होगा। यदि आप व्यवसायी हैं तो आपके पास कोई ग्राहक नहीं होगा। मैं ऐसे लोगों को जानता हूँ। वे ऐसी यादों को साथ लेकर चलते हैं, जब लोगों ने उनके साथ दुर्व्यवहार किया था। कुछ लोग अपने माँ-बाप तक को क्षमा नहीं करते और न ही उनकी चोट पहुँचानेवाली कड़वी बात को भुला पाते हैं। मैं ऐसे माँ-बाप को भी जानता हूँ, जिन्होंने अपने बेटों को इस वजह से माफ नहीं किया, क्योंकि बेटों ने उनकी इच्छा के विरुद्ध शादी की थी। मैं यह भलीभाँति जनता हूँ कि बेटे को माँ-बाप की इच्छा से ही शादी करनी चाहिए। लेकिन कभी-कभी ऐसे हालात उत्पन्न हो जाते हैं कि कोई व्यक्ति कुछ कर नहीं पाता। मैं जानता हूँ कि ऐसा करना बहुत ज्यादा कठिन होता है, लेकिन तब भी आप मन में जल-भुनकर रह जाने के सिवाय और कर भी क्या सकते हैं? मैं माफ करके व्यक्ति की गलती भूल जाता हूँ, क्योंकि मैं जीवन का आनंद भोगना चाहता हूँ। जीवन का सरल, सहज आनंद उठाना चाहता हूँ।

— एक्शन प्लान 3 —

क्षमा करें और भूल जाएँ—जैसे अंगूर, वैसा स्वाद! सूझ-बूझ को

अपना मार्गदर्शक बनाएँ। इसके प्रकाश में आप सफलता हासिल कर सकते हैं, खुशी हासिल कर सकते हैं, अपने लक्ष्य प्राप्त कर सकते हैं। सूझ-बूझ आपका सुरक्षा कवच है। यह हमें जाने-अनजाने होनेवाले अपमान से बचाती है। यह हमें ऐसी ऊँचाई पर पहुँचाती है कि यदि कोई हमें पत्थर मारता है, तब भी हमें चोट नहीं पहुँचती है। सूझ-बूझ ही बुद्धिमत्ता में परिणत हो जाती है। यह मत भूलें कि सूझ-बूझ का इस्तेमाल न करनेवाले लोगों को संयम में रखने के लिए आपको दुगुनी बुद्धि लगानी पड़ेगी।

— एक्शन प्लान 4 —

क्षमा करके आप बेहतर ढंग से कार्य कर सकते हैं—सद्भावना से ही क्षमा एवं विस्मृति उत्पन्न होती है। किसी को माफ करने के लिए तथा गलती भुलाने के लिए आपका धनी तथा समृद्ध होना जरूरी नहीं है। लेकिन आप में सद्भाव/सदाशय होना चाहिए। क्षमा करने तथा गलतियाँ भुलाने की आदत की तुलना में प्रतिशोध की भावना से आपको जल्दी एवं यकीनन नुकसान पहुँचेगा।

क्षमा आनंद का ही एक रूप है। क्षमा और भुलाना; कितना आसान है! लेकिन हम आसान कार्य नहीं करना चाहते। हम अधिकाधिक सफल बनने के लिए अपने जीवन को जटिल बनाना चाहते हैं। क्षमा करने तथा भूल जाने का निर्णय किसी भी अन्य निर्णय लेने जैसा होता है। व्यक्ति अंशों में या वर्षों तक तकलीफें झेलने के बाद यह निर्णय लेता है। फैसला आपके हाथ में है। लेकिन व्यक्ति को प्रत्येक कार्य-व्यापार की कमियों तथा खूबियों का विश्लेषण करना है। मैं अपने प्रति कठोर व्यवहार करनेवाले पर सैकड़ों बार ईर्ष्या को न्योछावर कर दूँगा। और ऐसा क्यों न करूँ? मैं आनंद प्राप्त करना चाहता हूँ और यह उपलब्धि इसी तरीके से मिल सकती है।

— एक्शन प्लान 5 —

श्रीराम ने मुझे क्षमा करने के लिए प्रेरित किया है। 14 वर्ष का वनवास

बिताने के बाद उन्होंने अपनी माँ कैकेयी को क्षमा कर दिया था। संभवत: उन्होंने अपनी अंतरात्मा से यह विश्लेषण किया होगा कि कैकेयी ने ऐसा व्यवहार क्यों किया था! उन्होंने यह महसूस किया कि जब उनके पिताजी ने उनके सामने राजा बनने का प्रस्ताव रखा था, तब उन्हें जवाब देना चाहिए था, न कि प्रतिक्रिया। श्रीराम ने शायद यह महसूस किया था कि उनके मन में भी कहीं लालच रहा हो! जब राजा दशरथ ने प्रस्ताव रखा था, तब यदि श्रीराम समझदारी से काम लेते तो वे सुझाव देते, ''आदरणीय पिताजी, आप शीघ्रता न करें; कृपया पहले बैठक बुलाएँ और उसमें तीनों माताओं, चारों भाइयों तथा मंत्रियों को आमंत्रित करें!'' इस तरह से कैकेयी ईर्ष्या न करती और मंथरा को उलटी पट्टी पढ़ाने का मौका ही नहीं मिलता। मित्रो, कोई भी संबंध हो, खासतौर पर पारिवारिक संबंधों में, याद रखें कि हमें 'मसले पर' भलीभाँति हर कोण से सोचना है। इसे ही 'दिव्य-दृष्टि' कहा जाता है।

□

16

प्रोत्साहन
Motivation

आपको तथा लोगों को अपने लक्ष्य प्राप्त करने हैं

— एक्शन प्लान 1 —

प्रत्येक कर्मचारी को ग्राहकोन्मुख बनने के लिए प्रोत्साहन दें—कहना आसान है, करना मुश्किल। सही! लेकिन जब तक आप सचेत होकर कोई कार्य शुरू नहीं कर देते, तब तक आप ग्राहकोन्मुख संगठन बनाने की राह पर अग्रसर नहीं हो सकते।

जब कभी आपका कर्मचारी ग्राहक के पास जाए, उसका मकसद या तो कंपनी का सामान बेचना हो या संगठन की साख; वह यदा-कदा नाममात्र के लिए ही न जाए। सुनिश्चित करें कि आपने अपने कर्मचारी को पर्याप्त रूप में इतना प्रशिक्षित किया है कि वह कम-से-कम कंपनी का परिचायक (एंबेसडर) बने। कुछ खराब विज्ञापनों के कारण बिना बिके सामान की तरह नकारात्मक अभिवृत्तिवाला कर्मचारी भी कंपनी का भला कम और नुकसान ज्यादा करता है।

— एक्शन प्लान 2 —

यदि मुझे आठ घंटे तक पेड़ काटना है तो मुझे छह घंटे तक अपनी

कुल्हाड़ी की धार तेज करनी होगी—सोचें कि प्रत्येक कर्मचारी कुल्हाड़ी के अगले हिस्से की धार (ब्लेड) है। हममें से प्रत्येक के पास 'मानसिक ब्लेड' होता है। अधिकांश लोग अंतर्निहित/जन्मजात पैनेपन से खुश हैं। कुछ लोग सौभाग्यशाली होते हैं। वे नियमित रूप से अपने इस ब्लेड की धार तेज करने के लिए स्वत: अभिप्रेरित होते हैं। कुछ सौभाग्यशाली हैं कि उनके पास ऐसा बॉस है, जो परस्पर लाभ के लिए इस धार को तेज बनाता है। इसलिए मैनेजर के रूप में अपने कर्मचारियों के कौशल निखारने के लिए छह घंटे बिताएँ, ताकि वे ग्राहकोन्मुख बन सकें। इसके अलावा अन्य कोई रास्ता नहीं है। ऐसा एंटिना विकसित करें, जो ग्राहकों की जरूरतों के अनुकूल हो। समयोचित तथा सही देखभाल करके ग्राहक को संतुष्ट रखा जा सकता है।

— एक्शन प्लान 3 —

कर्मचारियों का रवैया 'निराशावादी' नहीं, 'आशावादी' बनाएँ। उनमें यह भावना उत्पन्न होनी चाहिए कि वे कोई काम 'कर सकते' हैं। हमारी सोच प्रगति की ऊँचाई तय करती है। अपने कर्मचारियों को जीवन की इस वास्तविकता का पाठ पढ़ाएँ।

जब कोई ग्राहक यह पूछता है, "क्या आप मेरे इस उपकरण की आज ही मरम्मत कर देंगे?" तब आशावादी कर्मचारी सोचने लगेगा तथा निर्धारित समय में कार्य संपन्न करने के लिए प्रयास शुरू कर देगा।

प्रत्येक व्यवसाय के मालिक को यह कथन लिखकर अपने डेस्क पर रखना चाहिए—"**किसी भी कार्य का शुभारंभ सर्वोच्च स्थान पर बैठे व्यक्ति से ही होता है।**" असाधारण ग्राहक सेवा का सर्वाधिक महत्त्वपूर्ण घटक या कारक सर्वोच्च पद पर विराजमान व्यक्ति है। जब यह 'व्यक्ति' खाते समय, सोते समय, साँस लेते समय केवल अपने काम के बारे में सोचता है, तभी वह कोई काम अलग हटकर कर पाता है, उच्च कोटि का या निम्न कोटि का उत्पाद तैयार करता है। सेवा या कार्य व्यक्ति का धर्म है। सेवा ही कार्य नीति है—अर्थात् हमें किस ग्राहक की सेवा करनी है? और किस तरह की सेवा का

उसके कारोबार पर असर पड़ेगा ?

— एक्शन प्लान 4 —

हमें यह मकसद कैसे हासिल करना है ? क्या आपके पास उन कर्मचारियों को मान्यता देने तथा पुरस्कृत करने की कोई योजना है, जो ग्राहकों की जी-जान से सेवा करते हैं, ध्यान रखते हैं ? यदि आप अपने ग्राहकों से मिलना शुरू कर दें तो आपके पास ऐसा कोई कर्मचारी नहीं होगा, जो अच्छी सेवाएँ न देता हो। कर्मचारियों को प्रशिक्षण दें। उन्हें अंतिम मौका दें। अंततः जो कर्मचारी अपने में सुधार नहीं लाते, उनका स्थानांतरण कर दें या उन्हें नौकरी से हटा दें।

यदि प्रबंधक सेवा की गुणवत्ता में सुधार लाना चाहते हैं तो उन्हें अपने कर्मचारियों के साथ वैसा ही बरताव करना चाहिए, जो वे सोचते हैं कि उनके कर्मचारी अपने ग्राहकों से करें। प्रबंधक को भी कर्मचारियों की सेवा करनी है, न कि वे खाली 'बॉस' बनकर ही रहें।

1. परमात्मा से यही प्रार्थना करें—'लिफ्ट करा दे'—अदनान सामी
2. जब किसी कौए को खाने की चीज दिखाई देती है, वह अन्य कौओं को भी बुलाने लगाता है तथा मिलकर खाता है।
3. जब हमें कोई सूचना या जानकारी मिलती है तो हम क्या करते हैं ? इसे अपने तक सीमित रखते हैं या बाँटते हैं ?
4. अपने कर्मचारियों के रवैये के बारे में अपने ग्राहकों से पूछते रहें।
5. हमें समझदारी बरतनी चाहिए तथा यह सोचना चाहिए कि कोई भी व्यक्ति पूर्ण नहीं है। उसे 10 में से 10 अंक नहीं दिए जा सकते। 6/10 अंक भी चलेंगे।

□

17

देने का आनंद
Giving

देना-लेना, फिर देना : इससे आपको बेहद खुशी मिलेगी

— विचार 1 —

आप दूसरों के लिए क्या करते हैं ? : एक बार चंड़ीगढ़ जाते समय मेरे साथ जा रहे मेरे साले ने बातचीत के समय बताया—'वह देना और लेना और फिर देना' इस कार्य का अभ्यास करता है। उसने स्पष्ट किया कि 'लेन-देन' से हमारा कार्य-व्यापार पूरा हो जाता है। जब आप पुनः कुछ देते हैं तो आप बेहतर मूड में आ जाते हैं तथा इसीलिए आपका तनाव कम होता है और खुशी बढ़ जाती है। यह 'देना' पैसे या वस्तु रूप से ही नहीं जुड़ा। परामर्श, सहानुभूति, जरूरत से ज्यादा मदद करना, छोटी-मोटी बातों पर पक्ष लेना, चिंता जाहिर करना आदि भी दान या इस देने के विविध रूप हैं।

अपने जीवन के अनुभवों से मैं लोगों को दो श्रेणियों में बाँटता हूँ—देनेवाले और लेनेवाले। देनेवाले लोगों की श्रेणी कमोबेश 'हाँ, हाँ' कहनेवाली होती है, जो आदतन जॉन मिल्टन की इस भावना से कुछ करने के लिए तैयार रहते हैं—'जो मनुष्य खड़े होकर प्रतीक्षा करते हैं, वे भी उपकार करते हैं।'

— विचार 2 —

जब आपकी पत्नी के सिर में दर्द हो और उसे गोली की जरूरत हो तो गोली नहीं, उसे सिर्फ एक फूल और मुसकान दें—यदि आप उपकार करना चाहते हैं तो कृपया याद रखें कि यह आपके व्यक्तित्व का अंग होना चाहिए। यह प्रवृत्ति आपके मन-बुद्धि से सहज रूप में निःसृत होनी चाहिए। यह यदा-कदा उठनेवाली तरंग के रूप में न हो कि जब खुद चाहा, उपकार कर दिया। इसमें त्याग की भावना शामिल होती है, लेकिन यदि आप अपनी खुशी बढ़ाना चाहते हैं तो यकीनन यह उत्तम मार्ग है।

मैंने श्मशान घाट पर यह भावना देखी है। जैसे ही पार्थिव शरीर चिता पर लाया जाता है, तब इकट्ठी भीड़ में से पाँच-छह व्यक्ति लकड़ी के ढेर की ओर भागकर जाने लगते हैं। उस समय यह नहीं देखा जाता कि व्यक्ति का मृतक से कितना संबंध था। सभी शामिल हो जाते हैं तथा मृतक को कंधा देते हैं। ये लोग परोपकारी होते हैं, जो ऐसे अंतिम संस्कारों में भी मौजूद रहते हैं। जब चिता जलने लगती है, तब मेरे तथा अनेक अन्य लोगों के लिए इस दृश्य से तनाव कम होने लगता है। कोई जीवन के अंत के बारे में सोचने लगता है तथा यदि जीवन का अंत होना ही है, तब तनाव क्यों, चिंता क्यों और लेने की चाह क्यों? हम देना या परोपकार करना शुरू क्यों नहीं कर देते, ताकि जब हमारा अंतिम समय आए, चिता की लपटें और ऊँची उठें। जब मैं शमशान घाट पर जाता हूँ तो मैं कुछ घंटों के लिए तनावमुक्त हो जाता हूँ, या कुछ दिनों के लिए तनावमुक्त हो जाता हूँ, यह कर्मों के लेखे-जोखे पर निर्भर करता है। जीवन भर हम निरर्थक बातों को लेकर चिंता करते हैं, परिणामस्वरूप हम तनावग्रस्त हो जाते हैं, जबकि यहाँ करोड़ों रुपए में हवेलियाँ, बी.एम.डब्ल्यू.—सबकुछ इस सत्य की आग में जलकर भस्म हो जाते हैं। तब इतनी देर हो चुकी होती है कि हम किसी को कुछ भी नहीं दे सकते। जरा सोचिए!

— विचार 3 —

मैंने देखा है कि दीपावली के बाद अनेक नियोक्ता तनावग्रस्त हो जाते

हैं। वे उपहार देते हैं। वे सोचते हैं कि वे बहुत बड़ा काम कर रहे हैं। कर्मचारी इनके अनुसार नहीं सोचते, क्योंकि उनके विचार में इन उपहारों पर उनका अधिकार है। दोनों ही पक्ष अपनी-अपनी जगह पर सही हैं। इसलिए क्या किया जाना चाहिए? कुछ नहीं, क्योंकि नियोक्ताओं को अपनी खुशी की खातिर उपहार देने चाहिए, मन की शांति व संतुष्टि के लिए देने चाहिए तथा किसी से बदले में कोई आशा नहीं रखनी चाहिए। कर्मचारियों को सोचना चाहिए तथा ईश्वर का शुक्रिया अदा करना चाहिए कि उन्हें ईश्वर की कृपा से ऐसा नियोक्ता मिला है, जो उनका खयाल रखता है, उनके बारे में सोचता है। निस्संदेह यह देने के ढंग पर निर्भर करेगा। गरिमामय ढंग से मान-सम्मान के साथ कुछ देना ही सर्वोत्तम तरीका है।

सत्कर्म करें, उन्हें रेत या पानी पर लिखें। यदि दूसरा व्यक्ति पत्थर पर आपके कर्म लिखता है तो आपको खुश होने की एक वजह और मिल जाएगी। किसी से भी 'आभार' की आशा न रखें। न तो अपने माँ-बाप से, न बॉस से, न ही अपने पति/पत्नी से। तभी आप तनावमुक्त हो पाएँगे, आप कार्य-स्थल पर तरक्की करेंगे, जीवन में प्रसन्न तथा सफल हो पाएँगे। अर्थात् निष्काम भाव से कर्म करें, तभी आपको जीवन में खुशी और सफलता मिलेगी। इसीलिए कहा गया है—नेकी कर दरिया में डाल। मदद करो तो मदद मिलेगी। नेक सलाह दो, नेक सलाह मिलेगी।

□

18

सफलता और संतुष्टि
Success & Happiness

सफलता अचानक मिलती है, छोटे कामों को बड़ा समझकर करें, संतोष मिलेगा

— एक्शन प्लान 1 —

वर्षों पहले जब मैं भोपाल में एस्कॉर्ट्स का क्षेत्रीय प्रबंधक बनकर गया, तब राजीव गांधी दिल्ली-भोपाल रूट पर पायलट थे। एक बार मैंने उन्हें आमंत्रित किया और वे सहर्ष आए। मैंने देखा कि वे विमानन क्षेत्र की पुस्तकों में ही रुचि ले रहे थे, जबकि मैं उन्हें राजकपूर के चित्रहार—मैं एस्कॉर्ट्स/फोर्ड ट्रैक्टर दिखाने की कोशिश कर रहा था। इसमें उन्होंने कोई दिलचस्पी जाहिर नहीं की। संभवत: वह सबसे ज्यादा 'सरल' इनसान थे। उनका अतिविशिष्ट व्यक्तित्व था, परंतु वे इतने साधारण ढंग से व्यवहार कर रहे थे कि देखकर मैं हैरान था! और तब कुछ ऐसी घटनाएँ घटित हुईं, जिन पर उनका नियंत्रण नहीं था। वे भारत के प्रधानमंत्री बन गए। अचानक संयोगवश उन्हें सफलता मिली।

अब वर्तमान पर ध्यान देते हैं। गुजरात में घटित घटनाओं तथा श्री ए.पी.जे. अब्दुल कलाम के भारत के राष्ट्रपति बनने पर विचार किया जाए। मेरे विचार में, यह सोचा भी नहीं जा सकता कि यू.एस.ए. में ऐसी घटनाएँ भी हो सकती हैं।

इससे मेरी इस धारणा को पुनः बल मिलता है कि सफलता संयोगवश अचानक मिलती है।

मैं निजामुद्दीन में रहता हूँ तथा ओबराय होटल कुछ ही दूरी पर है। जब कभी मैं फ्लाई ओवर से गुजरता हूँ, तब मेरे मन की गति ओबराय होटल को देखकर थम जाती है। अभी उन्होंने चलना भी नहीं सीखा था, जब उनके सिर से पिता का साया उठ गया। उनकी विधवा माँ ने उन्हें दसवीं कक्षा तक पढ़ाया। इसके बाद उन्होंने निरंतर संघर्ष किया और अंत में सेंसिल होटल, शिमला में क्लर्क बन गए। अगले कुछ ही दशकों में वे मुझ जैसे हजारों प्रोफेशनल को काम पर रखने मे समर्थ हो गए। शिमला में 300 होटल हैं, लेकिन ओबराय जो बने, केवल वही बने। मैंने उनकी पुस्तक पढ़ी है तथा यह जाना है कि छोटे-छोटे कार्य करके वे आज इस मुकाम तक पहुँच गए। सचमुच कामयाबी अचानक मिलती है।

अब मैं आपको पेट्रोल पंप पर अटेंडेंट से शुरुआत करनेवाले अंबानी की कहानी सुना सकता हूँ। ये सबसे ज्यादा सम्मान-प्राप्त भारतीय हैं। इसलिए मैं यह मानता हूँ कि सफलता अचानक मिलती है।

मैं सफलता को 'हिमशैल' के रूप में देखता हूँ। ऊपर वर्णित सम्मानित नाम इस हिमशैल की छोटी सी नोक भर है। इसके नीचे हजारों सफलता की ऐसी गाथाएँ हैं, जिनसे हम कुछ सीखने तथा प्रतिदिन ज्यादा-से-ज्यादा सीखने के लिए प्रेरित होते हैं। टी सीरीज के गुलशन कुमार मेरे पड़ोसी थे, एम.एफ. हुसैन भी।

एस्कॉर्ट्स के एच.पी. नंदा के लिए मैंने 33 वर्ष तक कार्य किया। मैंने उनके हर कार्य को गौर से देखा है, क्योंकि मुझे 'सफलता' विषय में रुचि है। वह साधारण व्यक्ति थे। उनमें भी कुछ कमियाँ थीं तो कुछ खूबियाँ भी। उनमें अंतर्निहित असाधारण क्षमता लोगों के प्रति उनका विश्वास था। उनकी सफलता भी संयोगवश थी। कभी गांधीजी को रेलगाड़ी से उतार दिया गया था, और वे अंतिम सदी के दूसरे महानतम व्यक्ति बन गए। सफलता अचानक मिलती है। नारायणमूर्ति को जेल की सलाखों के पीछे रहना पड़ा, क्योंकि उन्हें आतंकवादी समझ लिया गया था। इसी तरह से अजीमप्रेमजी का शेयर धारक ने अपमान किया था और उन्होंने उसे गलत साबित करने की ठान ली। न जाने किस मोड़ पर कामयाबी मिल जाए!

9. जब 'बॉल' मैदान में इधर से उधर जाती है, तब फुटबॉल प्रेमी चुप नहीं बैठ सकते। प्रगति के क्षणों में प्रसन्न हों, न कि खुश होने के लिए परिणामों की प्रतीक्षा करें।

10. सफलता अचानक मिलती है।

11. जब तक अंतिम पड़ाव नहीं आता, तब तक हमारे प्रयास का अंत नहीं होता।

12. विद्यार्थियों के लिए नसीहत है कि यदि वे अपनी पढ़ाई के अलावा अन्य कार्य-कलापों में भाग लेते हैं तो भविष्य में इससे आपको मदद मिलेगी। मेरे मामले में, स्कूल और कॉलेज के दिनों में ली गई एन.सी.सी. से मुझे आगे चलकर बहुत मदद मिली। सामाजिक कार्य-कलापों से सहायता मिली; यहाँ तक कि पार्ट टाइम नौकरी भी उपयोगी सिद्ध हुई, भले ही वह छोटी-मोटी नौकरी थी।

□□□

आपकी और क्या मदद कर सकता हूँ? अब आप अपना अगला काम करें, यानी आलू बोएँ।''

महत्त्वपूर्ण बिंदु

1. सफलता के लिए कारण बताने की कोई जरूरत नहीं है, जबकि असफलता के पीछे कोई कारण नहीं होता।
2. सफलता एक यात्रा है, लक्ष्य मंजिल नहीं।
3. एक कमजोर कड़ी पूरी श्रृंखला को कमजोर बना देती है। इसलिए आत्म-विश्लेषण करें। देखें कि किन त्रुटियों ने आपके संगठन और आपके लक्ष्यों को बरबाद किया है।
4. जब तक आप प्रयास करते समय, कार्य करते समय आनंद अनुभव नहीं करते, तब तक आपको सफलता नहीं मिल सकती।
5. सफल व्यक्ति और अन्य लोगों में शक्ति का अंतर नहीं होता, न ही ज्ञान का अंतर होता है, बल्कि इच्छा-शक्ति का अंतर होता है।
6. सफलता का सरल सूत्र यही है—'पूरा प्रयत्न करें, लोग पसंद करेंगे'।
7. 'जो कभी नाकाम नहीं होता, वह व्यक्ति कभी कामयाब नहीं हो सकता'।
8. तत्काल तैयार (इंस्टेंट) कॉफी? 'जी हाँ', तत्काल सफलता? 'नहीं'। सफलता से पहले थॉमस एडीसन ने बिजली के बल्ब का आविष्कार करने के लिए 1,000 से भी अधिक फिलामेंट का परीक्षण किया था!